ICH GLAUBE

DIRK VON NAYHAUSS | MAGGIE RIEPL

ICH GLAUBE

GEDANKEN ZU GOTT UND RELIGION

edition ✢ chrismon

Ich möchte mich ganz herzlich bedanken
bei allen Menschen, die wir für dieses Buch getroffen
haben, für ihre Offenheit und ihre Bereitschaft,
über ihren Glauben zu sprechen. Jeder Einzelne ist
wichtig für dieses Buch und gibt ihm seine
unverwechselbare Gestalt. Es war eine Freude,
mit ihnen zu sprechen.

Dr. Elke Rutzenhöfer und Frank Hinte möchte
ich danken für ihr Vertrauen in dieses Buch.
Und ich möchte mich bei der Redaktion der Zeitschrift
chrismon bedanken – besonders bei Anne Buhrfeind,
Dorothee Hörstgen, Kristin Kamprad, Lisa Keßler,
Rahel Kleinwächter, Michael Apel und Dirk Artes – für die
tolle, angenehme und lebendige Zusammenarbeit.
Es ist immer wieder eine Freude, für sie zu schreiben
und zu fotografieren!

Dirk von Nayhauß

In Liebe unseren Kindern
Sophie und Felix, Helena und Fabian gewidmet

INHALT

VORWORT

Mein Verhältnis zu Gott ist kein ungetrübtes. Da sind Fragen, zu denen mir keine Antworten einfallen. Da ist mein Vater, der an einer Gehirnblutung starb. Ohne jede Vorwarnung brach er drei Tage nach Heiligabend zusammen, und wenn nicht binnen Minuten der Notarzt gekommen wäre, hätte er einen raschen Tod gefunden. So hat es 93 Tage gedauert, in denen er immer wieder operiert wurde. Wenn ich ihn besuchte und seinen hilflosen Blick sah, habe ich mich oft gefragt: Warum? Immer wieder stellte ich die vielleicht naive Frage: Warum lässt Gott solches Leid zu? Ich fühlte mich einsam, habe mir einen Gott gewünscht, der mir den Rücken stärkt, aber da war niemand.

Als wir – meine Koautorin Maggie Riepl und ich – mit den Menschen für dieses Buch sprachen, fragten wir oft: Warum lässt Gott das Leid in dieser Welt zu? Einige unserer Gesprächspartner waren ähnlich ratlos, Nadja Uhl beispielsweise sagte: „Ich komme auch nicht weiter in der Frage, warum in Afrika Kinder verhungern, wenn es einen Gott gibt." Dennoch glaubt sie, dass „alles irgendwie einen Sinn macht". Dieses Vertrauen, dieser Glaube wurde häufig formuliert. „Vielleicht gibt es auch jemanden, der einen Masterplan hat", erzählte der Regisseur Fatih Akin. Häufig haben unsere Gesprächspartner ihre Zweifel beschrieben, berichteten von Zeiten, in denen ihnen Gott fern war – doch am Ende fühlen sie sich fast alle gehalten. So sagte Wolfgang Schäuble: „Gehadert habe ich nicht mit Gott. Ich habe nie gefragt: ‚Warum ich? Was für eine Ungerechtigkeit!' Merkwürdigerweise habe ich das nie so empfunden."

Gott ist nicht verantwortlich für das Leid dieser Welt – dieser Haltung begegneten wir oft. Am klarsten formulierte die Psychoanalytikerin Margarete Mitscherlich diesen Standpunkt: „Viele fragen sich: Wie konnte Gott es zulassen, dass die Deutschen andere zu Untermenschen herabgewürdigt haben, dass sie systematisch ein ganzes Volk auslöschen wollten? Ich wäre nie auf die Idee gekommen, eine solche Frage zu stellen. Viele haben durch die Konzentrationslager ihren Glauben an Gott verloren. Mein Gott ist nicht ein solcher Gott. Für mich ist er ein Gefühl von Güte in mir, von Wahrheitsliebe, von Klugheit – Gott hat alle Eigenschaften, die ich am meisten schätze."

In diesem Buch kommen vor allem sogenannte Prominente zu Wort: Künstler, Politiker, Sportler – Menschen, die man aus Zeitschriften und Fernsehen kennt. Die meisten von ihnen habe ich für die chrismon-Serie „Fragen an das Leben" getroffen. In dieser zweiten Auflage finden Sie vier neue prominente Gesichter: Tom Buhrow, Josef Hader, Anneke Kim Sarnau und Edgar Selge. Alle vier habe ich seit der ersten Auflage für meine chrismon-Serie interviewt. Da mir ihre Sätze zu Gott und Religion besonders gut gefallen, sollten sie unbedingt in die zweite Auflage rein.

Ich finde es immer wieder faszinierend, hinter die Fassade der öffentlichen Person zu spähen und ein Stück des wahren Menschen zu erhaschen.

Ich denke, wenn man nach Gott und dem eigenen Glauben fragt, sieht man ein Stück dieser wahren Person. Wichtig war es uns aber auch, Menschen mit ganz normalen Berufen zu treffen, deren Gesichter man nicht kennt, die auch im Haus nebenan wohnen könnten. Wir wollten kein reines „Promibuch".

Es ging uns um die Sache, um die Frage, wie Menschen ihren Glauben leben, an welchen Gott sie glauben. Dieses Buch sollte wie eine imaginäre Landkarte werden, jedes Gespräch ist dabei ein ganz eigener Pfad zu Gott. Man könnte dieses Buch auch als Mosaik bezeichnen, in dem jedes Gespräch ein Stein ist, zusammengenommen ergeben alle Steine ein vielschichtiges Bild, mit vielen Schattierungen und Färbungen des Vertrauens, des Zweifels und der Freude.

Die Menschen, die nicht im Rampenlicht der Medien stehen, habe ich zusammen mit Maggie Riepl auf dem Kirchentag in Bremen getroffen. Es waren schöne Tage, an die ich gern denke: Gemeinsam streiften wir auf den Veranstaltungen herum und sprachen spontan Menschen an. Besser gesagt: Maggie sprach die Menschen mit ihrer unverblümten, herzlichen Art an.

Fast jeden Gesprächspartner haben wir gefragt: „In welchen Momenten fühlen Sie die Nähe Gottes?" Sollte ich diese Frage beantworten, so würde ich die Berge nennen. Wenn ich in der Stille der Berge gehe, vielleicht allein, möglichst fern den Massen, dann kommt das Gefühl, dass ein Gott diese Welt zusammenhält und trägt. Und Gott begegnet mir tagtäglich in der Gestalt meiner Kinder, in Gestalt aller Kinder: Wenn ich ihre neugierigen Augen sehe und ihr glückliches Lachen höre.

Berlin, im Juli 2011
Dirk von Nayhauß

VIELLEICHT GIBT ES AUCH JEMANDEN, DER EINEN MASTERPLAN HAT

„ Ich komme aus einem religiösen Haushalt, meine Eltern beten fünfmal am Tag, so bin ich aufgewachsen und erzogen worden. Ich selbst bin nicht religiös. Ich vermute aber, dass es einen Gott gibt, eine Kraft. Mit „Auf der anderen Seite" habe ich einen Film über den Tod gedreht. Sechs Tage vor Drehschluss starb mein bester Freund ohne jede Vorwarnung an einem Hirnschlag – das könnte Zufall sein. Aber vielleicht gibt es auch jemanden, der einen Masterplan hat. "

FATIH AKIN, geboren 1973 in Hamburg, wo er bis heute lebt, verheiratet, ein Kind, Drehbuchautor und Regisseur.

WIR MÜSSEN NICHT ALLE PROBLEME LÖSEN

" Die christliche Botschaft sagt, dass jeder Mensch Ebenbild Gottes ist. Der so formulierte Gleichheitsgedanke gebietet den Respekt vor jedem Menschen. Gerade in Grenzsituationen habe ich aus dieser Haltung heraus Hilfe erfahren. Mein Vater war zehn Jahre demenzkrank. Ich habe eine schwerbehinderte Tochter. Je älter man wird, desto häufiger gerät man mit Situationen in Berührung, die einen ratlos machen. Vor allem führt der Glaube an Gott zu der humanen Einsicht, dass wir nicht alle Probleme lösen müssen, uns aber dennoch nahen Problemen nach bestem Vermögen stellen sollten. "

GÖTZ ALY, geboren 1947 in Heidelberg, lebt in Berlin, verheiratet, vier Kinder, Historiker.

ICH HATTE MIR SO SEHR NOCH EIN KIND GEWÜNSCHT

" Ich bin auf der Suche nach einer religiösen Heimat. In meiner Kindheit war Gott für mich der strafende, in der Jugend der ungerechte Gott. Nach dem Abitur bin ich aus der katholischen Kirche ausgetreten. Ich habe damals zu viele Menschen unter den Christen kennengelernt, die kleinherzig waren und intolerant. Meinen großen Sohn, der heute 23 Jahre alt ist, habe ich sehr konsequent von der Kirche ferngehalten. Ich habe ihm biblische Geschichten erzählt und die Feste erklärt, aber eher nüchtern, distanziert. Heute fehlt mir eine christliche Gemeinschaft, ich würde gerne den Kleinen in einer solchen aufziehen. Die protestantische Kirche ist mir aber noch zu fremd, und mit diesem Papst und dem letzten kann ich nichts anfangen. Ich habe heute meinen persönlichen Glauben, und ich meine, dass ich dabei mehr Gottvertrauen habe als viele andere. Ich bin ja mit 43 Jahren noch einmal Mutter geworden. Als Kind habe ich in der Kirche oft das Wort Gnade gehört und wusste nichts damit anzufangen, jetzt habe ich sie erfahren. Ich hatte mir so sehr noch ein Kind gewünscht, habe es jahrelang versucht, aber es wollte nicht klappen. Schließlich habe ich – wie es immer so schön heißt – losgelassen und habe mich in etwas reingegeben: Das kann man Gott nennen oder Universum, für mich war es ein Vertrauen in das Göttliche. Ich weiß nicht, womit ich dieses Kind verdient habe. Ich habe es mir so sehr gewünscht, und nun habe ich es bekommen. "

BARBARA AUER, geboren 1959 in Konstanz, lebt in Hamburg, zwei Söhne, Schauspielerin.

BEI GOTT GIBT ES KEINE HELDEN, SONDERN NUR GEHALTENE

" Die Beziehung zu Gott ist für mich elementar, sie bereichert mein Leben und gibt ihm Substanz. Ein Leben ohne Gott und Jesus Christus möchte ich mir gar nicht vorstellen. Es wäre leer und farblos.

Mein Schlüsselerlebnis hatte ich als 13-Jähriger auf einer kirchlichen Freizeit in Spanien. Ich suchte Beweise, dass es Gott tatsächlich gibt. Jeden Abend bin ich zu einer Palme im Garten gegangen und habe zu Gott gesprochen, ihm gesagt, ich würde ihn gerne erfahren. Eines Abends war ich wieder an meiner Pilgerpalme und habe gebetet, dass Jesus in mein Herz kommen, mein Freund und Herr sein möge. Und da habe ich einen tiefen, inneren Frieden erfahren, wie ich ihn bisher noch nicht kannte. Seit dieser Erfahrung bekenne ich mich als Christ. Gebete sind in meinem Alltag fest verankert. Ich versuche, mir täglich Zeit zu nehmen, um in der Bibel zu lesen. Dort finde ich immer etwas, was mich anspricht und bestärkt. Unsere heutige Zeit ist so voller Ängste, mit meinem Glauben kann ich etwas entgegensetzen. Natürlich gibt es immer wieder kleine und große Lebenskrisen, Höhen und Tiefen. Es ist ja nicht so, dass das Leben dadurch leichter würde, nur weil man an Gott glaubt. Den einen Tag hat man das Gefühl, man kann die Welt verändern, den nächsten fühlt man sich gar nicht stark. Doch in Gott hat man immer einen Ansprechpartner, an den man sich mit seinen Sorgen wenden kann.

Meine Arbeit als Streetworker ist anstrengend und oft auch frustrierend, ich komme bisweilen an meine Grenzen. Doch mein Glaube motiviert mich immer wieder. Bei Gott gibt es keine Helden, sondern nur Gehaltene. Das ist ein guter Satz, finde ich. Gott trägt dich über viele Krisen hinweg. Meinen sicheren Job aufzugeben und den Verein Straßenkinder zu gründen, das hätte ich ohne Gottvertrauen nie geschafft. "

ECKHARD „ECKI" BAUMANN, geboren 1967 in Mosbach, lebt in Berlin, verheiratet, drei Kinder, Streetworker und Vorsitzender von Straßenkinder e. V.

VIELLEICHT WERDE ICH MICH TAUFEN LASSEN

" Ich kehre in meinen Bildern immer wieder zu biblischen Motiven zurück. Religion ist spätestens in den letzten zehn, 15 Jahren ein wahnsinnig wichtiges Thema geworden. Viele Menschen haben gemerkt, dass man an die bunten Auslagen im Warenhaus nicht glauben kann. Man muss irgendwie anders einen Sinn im Leben herstellen als nur über sein Bankkonto, das hinterlässt bloß Leere.

Ich selbst bin atheistisch groß geworden, ich bin nicht einmal getauft. Vielleicht werde ich mich taufen lassen. Vielleicht ist ja was dran. Ich glaube jedenfalls, dass es ein größeres Prinzip gibt als den Egoismus von jedem kleinen Wesen, das hier rumkraucht. "

NORBERT BISKY, geboren 1970 in Leipzig, lebt in Berlin, Maler.

ER VERSUCHT DIE GANZE ZEIT, MIT MIR ZU SPRECHEN, ABER ICH HÖRE ZU SELTEN HIN

" Ich rede ungern darüber, aber: Ja, manchmal spüre ich die Nähe Gottes. Nicht wenige Menschen sagen: ‚Gott spricht nicht mit mir.' Bei mir ist das umgekehrt: Er versucht die ganze Zeit, mit mir zu sprechen, aber ich höre zu selten hin. Nicht sein Schweigen ist das Problem, sondern meine Taubheit. Ich erlebe seine Nähe als Geschenk: Es kann über Natur gehen, es kann ein Windhauch sein; es kann aber auch mitten in der Stadt passieren, mitten im Verkehr. Aber es geht eben nicht auf Knopfdruck, dass man sagt: ‚Jetzt habe ich Zeit, jetzt will ich dich hören.' Besonders intensiv war es bei der Geburt meiner beiden Töchter, da habe ich ein sehr tiefes Gefühl der Dankbarkeit gespürt. Ich hatte immer das Gefühl, dass die Welt, die wir sehen und riechen und schmecken, dass das nur eine Oberfläche ist. Ich hatte immer das Gefühl: Ob man nun so aussieht oder so, ob man dieses oder jenes erreicht, ob man reich oder arm ist – in dem großen Zusammenhang spielt das überhaupt keine Rolle. "

TOM BUHROW, geboren 1958 in Siegburg, lebt in Hamburg, verheiratet, zwei Kinder, Journalist.

PLÖTZLICH SPÜRTE ICH, DASS ICH LEBE, DASS DAS LEBEN EIN UNGLAUBLICHES WUNDER IST

99 Ich hatte meinen Glauben verloren, als ich vor 30 Jahren in Brasilien im Gefängnis war. Ich wurde gefoltert: Ich war allein, eingesperrt in einem komplett finsteren Raum, es war eiskalt, sie nannten es den „Kühlschrank". Ich war nackt. Ich dachte an den Heiligen Johannes vom Kreuz und „Die dunkle Nacht". Darin beschreibt er, wie der Mensch durch die Dunkelheit hindurch zu Gott findet. Ich wiederholte diese Verse immer und immer wieder, doch es gelang mir nicht, mich Gott zu nähern. Für die folgenden sieben Jahre kehrte ich mich ab von Gott: Es war mir egal, ob er existiert oder nicht. Das änderte sich jedoch völlig, als ich 1986 den Jakobsweg ging. Heute fühle ich mich nicht mehr von Gott enttäuscht. Ich sage nicht mehr: Gott ist dies. Oder: Gott ist das. Versuche ich, Gott zu beschreiben, bin ich verloren.

Es gibt aber seltene Momente, in denen ich eine ganz besondere Intensität spüre: Ich meine diese Woge, diese Kraft der Liebe – nicht zu einem einzelnen Menschen, sondern diese allumfassende, selbstlose Liebe. Jene Liebe, die Jesus meinte, als er sprach: „Liebe Deinen Nächsten." Zuweilen überkommt mich dieses Gefühl ganz unvermittelt, und dann weine ich. Das zu spüren ist ein Geschenk, und das kann überall geschehen, selbst in einem Bahnhof. Als ich diese Intensität zum ersten Mal erlebte, war ich sechs Jahre alt. Ich stand in einem Orangenhain, die Sonne ging unter – und plötzlich spürte ich, dass ich lebe, dass das Leben ein unglaubliches Wunder ist. 66

PAULO COELHO, geboren 1947 in Rio de Janeiro, lebt in Rio de Janeiro und in Tarbes (Frankreich, nahe Lourdes), verheiratet, Schriftsteller.

MEINEM HERZEN DIE FÜHRUNG ZU ÜBERLASSEN UND ALLE ANDEREN GEDANKEN AUSZUSCHALTEN

„ Gott erfahre ich weniger im Alltag, mehr in Extremsituationen. In den glücklichen, bei der Geburt meiner Kinder, im ersten Augenblick, als sie mir auf den Bauch gelegt wurden. Dieses Gefühl ist unbeschreiblich und durchaus göttlich zu nennen.

Doch wesentlich öfter habe ich Gott in Momenten erfahren, die etwas mit dem inneren Sterben zu tun haben, mit Zerstörung und Aufgabe. Mit dem Gefühl, etwas geht nicht mehr weiter, beziehungsweise nicht so, wie ich es ursprünglich gewünscht oder geplant hatte. In Momenten, in denen es kein Gegenüber gibt, in denen ich ganz allein bin mit meinen Entscheidungen. Das betrifft sowohl berufliche Krisen als auch – und die sind ja wesentlich wichtiger – persönliche Beziehungen. Wann ist etwas zu Ende? Wann weiß ich das definitiv? Oder stoße ich einfach nur in Konfliktsituationen an meine Toleranzgrenze, die mich dann eher fliehen als bleiben lässt?

Ist es dann die innere Stimme – etwas, das aus mir spricht, was ich nicht erklären kann –, die mir sagt: „Weiche nicht aus, versuch es noch mal, stell dich der Herausforderung, bevor es zu spät ist!" Etwas, das nichts mit unserem Verstand zu tun hat, mit rationalen Erklärungen, sondern eher mit einer intuitiven Erkenntnis?

Ja, das glaube ich. Immer wenn es um diese lebensentscheidenden Weichenstellungen in meinem Leben ging, habe ich auf etwas vertraut, was ich Gott nenne: meinem Herzen die Führung zu überlassen und alle anderen Gedanken auszuschalten. Oft war ich selbst überrascht über das, was ich dann getan und neu entdeckt habe. "

KRISTIN DERFLER, geboren 1965 in Wien, lebt in Berlin, verheiratet, zwei Kinder, Drehbuchautorin.

WIE KANN GOTT ZULASSEN, DASS SO VIEL SCHRECKLICHES AUF DER WELT PASSIERT?

" Ich glaube an Jesus und seinen Vater, Gott im Himmel. Ich habe kein Bild vom ihm. Ich weiß nur, dass er da ist und dass er auf mich aufpasst. So bin ich erzogen worden. Ich erzähle Gott, was ich erlebe. Ich wende mich an ihn und bete, aber erhalte keine Antwort. Ich habe auch nicht das Gefühl, dass es dadurch leichter wird. Aber es gibt einfach jemanden, dem ich alles erzählen kann, und das fühlt sich gut für mich an.

Ich bin von klein auf in den Kindergottesdienst gegangen, bin heute als Teamer in der Jugendarbeit tätig. Ich habe Jugendgottesdienste mitgestaltet, die zeitgemäße Predigten anbieten. Ich habe auch schon selber eine Predigt gehalten. Natürlich stelle ich mir manchmal die Frage, wie kann Gott zulassen, dass so viel Schreckliches auf der Welt passiert? Oder ist das, was in der Bibel steht, auch wirklich passiert? Aber das erschüttert meinen Glauben nicht. Ich zweifele nie daran, dass es Gott gibt. "

MARIE EBERHARDT, geboren 1995 in Kassel, lebt in Spangenberg, Gymnasiastin.

ICH FREUE MICH UND BIN DANKBAR

>> *Ich weiß, dass ich nichts weiß*, sagte ein berühmter Philosoph. Natürlich wird dadurch klar, dass er selbst viel wusste, aber er war sich auch bewusst, dass es viel, viel mehr auf dieser Welt gibt, worüber wir noch gar nichts wissen.

Wenn das Wissen versagt, ist der Glaube gefragt und ein fast kindliches Vertrauen in ihn.

Diese Erfahrung beruht auf meinem langen Leben. Die Starthilfe meiner geliebten Mutter hat mich in vielen Situationen der Freude begleitet, aber auch in Leid, Not und Gefahr. Nach dem mörderischen Zweiten Weltkrieg konnte ich aus der Gefangenschaft fliehen und unversehrt nach Hause zurückkehren. Da habe ich ganz deutlich gespürt, dass ich geführt werde, sonst wäre ich hier niemals gesund und lebendig angekommen.

Es bot sich die Gelegenheit, in einer bäuerlichen Gemeinde mit sehr tüchtigen und arbeitsfreudigen Menschen einen Betrieb in ihrer Heimat aufzubauen, um gemeinsam mit ihnen Arbeit und Wohlstand zu schaffen. Dass dies bis heute noch so möglich ist, verdanke ich hervorragendem Bürgersinn und der Wegführung durch diese höhere Macht. Ich freue mich und bin dankbar, dass ich auf diesem mir von Gott vorgegebenen Weg gehen durfte. ""

ARTUR FISCHER, geboren 1919 in Tumlingen (Schwarzwald), wo er bis heute lebt, verheiratet, zwei Kinder, Erfinder und Unternehmer.

NÄCHSTENLIEBE, BESCHEIDENHEIT, TREUE UND EHRLICHKEIT

"An einen personalen Gott glaube ich nicht, das habe ich nie gekonnt. Ich empfinde das Göttliche eher in der Schöpfung, in extremen Landschaften wie am Meer. Dort fühle ich mich einem göttlichen Prinzip am ehesten nahe. Oder wenn die Liebe über den Krieg siegt, oder wenn Menschen über sich hinauswachsen und etwas Unglaubliches tun. So wie Sophie Scholl. Da habe ich das Gefühl, dass es etwas gibt, das über das Menschliche hinausweist.

Unsere beiden Kinder sind nicht getauft, aber als sie noch ganz klein waren, habe ich abends mit ihnen gebetet. Der „liebe Gott" ist für mich das Spirituelle, von dem ich glaube, dass Kinder es brauchen. Es stirbt ein Haustier oder ein Freund zieht weg – Kinder können viele Dinge nur verkraften, wenn sie das Gefühl haben, da ist irgendwo ein göttliches Prinzip, das sie schützt und das dafür sorgt, dass sie gut aufgehoben sind in der Welt. Wenn sie später gefragt haben: „Mama, gibt es den lieben Gott und wo ist der eigentlich?", habe ich immer gesagt: „Den lieben Gott gibt es, wenn du an ihn glaubst." Meine Überzeugung ist: Jeder Gläubige erschafft Gott durch seinen Glauben. Das war wie mit dem Christkind: Wenn du daran glaubst, dann gibt es das. Sie haben es so akzeptiert.

Ich habe auch die Erfahrung gemacht, dass wir so stark in unserer christlichen Kultur eingebettet sind, dass es gar keinen Sinn hätte, sie verleugnen zu wollen. Die Werte, nach denen wir unsere Kinder erziehen, sind ohnehin christliche Werte: Nächstenliebe, Bescheidenheit, Treue und Ehrlichkeit.

Ich lebe ja in Bayern auf dem Dorf, und die Kirche dort ist unglaublich schön, das ist eine barocke Klosterkirche. Überhaupt mag ich Kirchen, ich gehe gerne und oft an Orten, wo ich gerade bin, in die Kirche und lasse diese Atmosphäre auf mich wirken."

AMELIE FRIED, geboren 1958 in Ulm, lebt in der Nähe von München, verheiratet, zwei Kinder, Moderatorin und Buchautorin.

GOTT IST EIN GESPRÄCHSPARTNER, AN DEN ICH MICH WENDE

" Als ich ein Kind war, hat mir meine Großmutter biblische Geschichten erzählt. Vor allem aber hat sie mir vorgelebt, dass sie Gott vertraut und sich in der Liebe zu Gott aufgehoben fühlt. Sie hat neun Kinder in schweren Zeiten großgezogen. Das war für mich entscheidend und glaubwürdig. Für mich macht Christ sein aus, dass ich einfach menschlich bin.

Ich glaube an einen zutiefst liebenden Gott, so wie er in der Bibel beschrieben ist. Gott ist ein Gesprächspartner, an den ich mich wende. Früher dachte ich, ich muss zu Gott beten und mir seine Liebe verdienen. Heute bin ich mir sicher, dass er mich immer umgibt. Er ist Teil von meinem Sein.

Ich entwickele meinen Glauben immer weiter. Es gab viele Dinge, wo ich gerungen habe und nicht sicher war, aber durch das Lesen in der Bibel habe ich Gott immer mehr erkannt. Ich möchte nicht ausschließen, dass Zweifel wiederkommen. Auch Jesus war schließlich nicht frei von Ängsten und Zweifeln. Selbst das Unbegreifliche ist Teil unseres Lebens. Ich möchte es nicht einordnen. **"**

ANGELIKA GASSMANN, geboren 1960 in Backnang, lebt in Mosbach, verheiratet, zwei Kinder, Personaldienstleiterin.

EXISTENZIELLE ÄNGSTE HABE ICH NOCH NIE WIRKLICH VERSPÜRT

" Ein Freund von mir ist Biologe, er beschäftigt sich mit Einzellern. Kürzlich haben wir über Glauben gesprochen, und er meinte zu mir: „Ich habe das nicht. Das ist wie Musikalität, die habe ich auch nicht. Ich beneide Menschen, die an Gott glauben – ich kann das leider nicht, und ich kann mir diesen Glauben auch nicht antrainieren. Den kriegst du mit – oder nicht." Ich selber kann an diesen Einen glauben, ich fühle mich in dieser großen Schöpfung geborgen. Das schenkt mir Gelassenheit, gerade bei den großen Desastern, existenzielle Ängste habe ich noch nie wirklich verspürt. Dieses Gefühl, dass mich die Welt trägt, dass sie mich ernährt, hatte ich schon sehr früh. Natürlich drückt sich das über Menschen aus, über meine Familie, meine Mutter und meinen Vater, die für mich gesorgt haben. Und auch ich bin ein Instrument dieser Schöpfung. "

HUBERT VON GOISERN, geboren 1952 in Goisern, lebt in Salzburg, verheiratet, zwei Kinder, Musiker.

ICH HELFE GERN

" Gott ist für mich kein bärtiger alter Mann. Ich stelle ihn mir als höhere Kraft und Energie vor, als eine Art Lichtgestalt. Ob es ihn wirklich gibt, das kann auch die Wissenschaft nicht beantworten. Ich lese gern wissenschaftliche Bücher, da beißt sich einiges mit dem, was in der Bibel steht, zum Beispiel Darwin und die Schöpfungsgeschichte. Ich denke, ich muss die Bibel nicht wörtlich nehmen. Im Leben gibt es keinen Zufall. Daher glaube ich zu 100 Prozent daran, dass Gott existiert.

Ich war während der Wende aktiv in der Kirche engagiert und habe erlebt, wie wichtig die Kirche in dieser Zeit war, was sie bewirken kann. Seit 2008 singe ich im Kirchenchor. Ich bin immer wieder ganz ergriffen, was es für wunderschöne kirchliche Lieder gibt. Durch das Chorsingen bin ich der Kirche wieder sehr nahe gekommen.

In unserer Gemeinde wird jede helfende Hand gebraucht, und ich helfe gern. Es herrscht eine liebevolle und harmonische Atmosphäre, das gibt mir ein ganz tiefes Gemeinschaftsgefühl. Durch die Gemeinde ist mein Glaube viel stärker geworden. Ich erlebe dort so viel Positives, das gibt mir Kraft und Halt im Alltag. Die Menschen vermitteln mir Wärme. Dabei sind sie nicht frömmelnd, sondern locker und einfach cool. Ich war ein lebensfroher Mensch, aber als ich mein Geschäft aufgeben musste und arbeitslos wurde, überkamen mich starke Depressionen. Doch das Schöne am Glauben ist, dass man negative Energie umwandeln kann, dass man seine Konzentration auf das Positive richten kann und dadurch das Leben wieder einen Sinn bekommt. "

SILVIO GUTSCHE, geboren 1964 in Osterburg in der Altmark, lebt in Osterburg, Feinmechanikermeister.

WENN MAN STARK ZWEIFELT, SETZT MAN SICH ZUMINDEST INTENSIV AUSEINANDER

" Der Glaube ist eine angenehme Art von Heimat. Man weiß, alles ist an seinem Platz; man weiß, wo oben und unten ist und wie alles gemeint ist im Leben. Doch ich fürchte, dass ich an keinen Gott glaube. Ich hätte gerne diesen Glauben, wie ich ihn als Kind empfunden habe, der war sehr schön, doch der ging mit 13, 14 Jahren zu Ende.

Ich kenne die Kirche recht gut, ich ging im Stift Melk zur Schule und war im Bischöflichen Internat. Die Atmosphäre dort war in den 70er Jahren eine sehr liberale. Wir haben im Religionsunterricht ständig Camus und Sartre gelesen, und der Zweifel an sich wurde auch in religiöser Hinsicht sehr hoch eingeschätzt: Wenn man stark zweifelt, setzt man sich zumindest intensiv auseinander. Dass Kinder geschlagen wurden oder gar missbraucht, das gab es dort nicht.

Im Grunde müsste die katholische Kirche heute das tun, was ihr schon Martin Luther empfohlen hat. Der lag in allem genau richtig, da ist alles drinnen, um den Missbrauchsskandal zu verhindern. Die Kirche müsste den Zölibat aufheben, Priester sollten heiraten dürfen, Sexualität sollte nicht nur als Mittel der Fortpflanzung gelten.

Trotz aller Kritik bin ich noch Mitglied dieses Vereins, zähneknirschend, doch ich habe noch immer eine tiefe Verbindung zu einigen sehr guten Leuten, die mich damals beeindruckt haben, Mönche wie Laien. Die drinnen stehen und sehr traurig sind und verzweifelt. "

JOSEF HADER, geboren 1962 in Waldhausen im Strudengau, Oberösterreich, lebt wechselweise auf dem Land und in Wien, zwei Söhne, Kabarettist und Schauspieler

ALLES, WAS ICH ERLEBE, KANN ICH DURCH GOTT SPÜREN

" Ich glaube an einen barmherzigen und guten Gott. Und ich glaube, dass Jesus Christus die Menschen in wunderbarer Weise Frieden und Güte und einen liebevollen Umgang miteinander gelehrt hat. Als Kind habe ich an einen personalisierten Gott geglaubt, der die Welt in sieben Tagen erschaffen hat. Heute empfinde ich es fast als vermessen zu sagen, wer oder wie Gott ist. Ich kann nur beschreiben, wie ich ihn erfahre: Ich erlebe ihn in jedem Kieselstein, in jedem Windstoß. Alles, was ich erlebe, kann ich durch Gott spüren. Er ist das höhere Wesen, die große Kraft, die alles zusammenhält. Ich habe großes Vertrauen, dass alles, was auf der Erde passiert, seinen Sinn hat. Die größten Gräuel werden nicht von Gott, sondern von Menschen begangen. Ich wende mich oft an Gott, habe aber noch nie eine Antwort bekommen. Trotzdem hilft es mir immer wieder, mich an diesen großen Geist zu wenden und darin Ruhe und Vertrauen ins Leben zu finden.

Ich komme aus einer Familie, die stark im Christentum engagiert und verwurzelt ist. Mein Vater ist Professor der Theologie, mein Großvater Pastor. Bei uns zu Hause war der Glaube immer präsent, es wurde gesungen und gebetet. Mein Glaube war nie infrage gestellt, aber meine religiösen Vorstellungen haben sich im Laufe der Zeit verändert, sie sind gewachsen. Dinge wie Auferstehung und Jungfrauengeburt sehe ich heute im übertragenen Sinne. Sie bedeuten für mich, dass es einen Gott gibt, der alle Grenzen sprengt.

Kirche bedeutet mir leider immer weniger. Ich erlebe sie oft als moralisierend und freudlos, das finde ich wenig überzeugend, und nicht selten denke ich: So kann Gott das nicht gemeint haben. "

MICHAEL HÄRLE, geboren 1968 in Bochum, lebt in Berlin, eine Tochter, Schauspieler.

IN DER HEUTIGEN ZEIT WIRD GLAUBE OFT AUF EINE PROBE GESTELLT

„Ich glaube an einen Gott, der immer da ist. Einen Gott, der mich so nimmt, wie ich bin, der mich freundlich ansieht, mir Halt und Standfestigkeit im Leben gibt. Ich bete nicht täglich, ich brauche dafür einen Anlass. Es gibt Situationen, da gehe ich stark auf Gott zu und bin dankbar, dass er für mich da ist.

Während des Konfirmationsunterrichts bin ich in die Jugendarbeit hineingewachsen, dort habe ich meinen Glauben gefunden, habe begonnen, ihn zu erleben und zu leben. Heute betreue ich selbst Jugendgruppen. Das gibt mir Kraft und hilft mir, meine Batterien wieder aufzutanken. In der heutigen Zeit wird Glaube oft auf eine Probe gestellt. Viele fragen sich, gibt es Gott wirklich? Aber für mich ist es ganz eindeutig, dass er da ist und mich unterstützt."

KATHRIN HEISE, geboren 1980 in Peine, wo sie auch heute lebt, Verwaltungsangestelite.

GOTT IST IN UNS

99 Es gibt nur einen Gott, und der ist mit absoluter Sicherheit von höchster Intelligenz, Gelassenheit und unübertrefflicher Qualität. Er ist in keinem Verein – nicht beim FC Buddha, FC Luther oder FC Mohammed. Gott spielt für keine Mannschaft. Gott ist in uns, und wir sind in ihm, und daher ist auch kein Mensch wertvoller als der andere. Wir sind alle ein Teil Gottes. 66

ANDRÉ HELLER, geboren 1947 in Wien, lebt in Wien und der Lombardei, ein Sohn, Künstler.

LEIDER GEHEN DIE MENSCHEN HEUTE LIEBER INS FITNESSSTUDIO ALS IN DIE KIRCHE

" Ich glaube an das Leben vor dem Tod und an himmlische Momente, in denen wir uns glücklich fühlen. Religiöse Menschen fühlen sich einfach glücklicher. Es gehört zu den ganz großen Irrtümern zu glauben, dass materielle Dinge wirklich glücklich machen.

Ich habe keinen personalisierten Gott. Mein Gott ist der Gott der Liebe aus dem Neuen Testament. Gott ist wichtig in persönlichen Krisen. Bei aller Ungewissheit gibt er einem das Gefühl, dass die Welt einen Sinn hat. Ich habe ein Urvertrauen, das ist für mich Gott. Ich merke aber auch, wie schwer es ist, Menschen Glauben zu vermitteln, die Gott nicht kennen. Leider gehen die Menschen heute lieber ins Fitnessstudio als in die Kirche, wobei die Motivation dieselbe ist: In beiden kasteit man sich, um in den Himmel der ewigen Jugend zu kommen.

Ich bin genetisch protestantisch vorbelastet. Über mehrere Generationen waren meine Vorväter Pastoren im Baltikum. Ich habe viel von meinen Großeltern gelernt, die nicht nur religiös waren, sondern das auch gelebt haben. Was ich an der Kirche mag, ist, dass hier viele Generationen zusammenkommen. Glaube ist auch eine Frage der Gemeinschaft.

Einmal im Jahr gehe ich ins Kloster zur Besinnung. Achtsamkeitsmeditation ist von großem medizinischem Nutzen und ganz ideologiefrei.

Zweifel sind für mich das Gesündeste am Glauben. Es heißt, habe keine Angst vor Zweifeln, sondern vor denen, die keine Zweifel haben. Zweifel sind nichts Zersetzendes, sondern etwas Produktives. Es sind meistens die großen Zweifler und nicht die glücklichen Menschen, die etwas auf der Welt bewegt haben.

Es heißt, immer weniger Menschen glauben an Gott. Ich hoffe, das beruht nicht auf Gegenseitigkeit. "

ECKART VON HIRSCHHAUSEN, geboren 1967 in Frankfurt am Main, lebt in Berlin, Arzt, Kabarettist und Bestsellerautor.

EIN GOTT DER LIEBE

" Ich glaube an den Gott, der sich in Jesus Christus zeigt: in der Schlichtheit der Krippe, im Ausgestoßensein am Kreuz. Ich stelle mir Gott nicht als eine Größe vor, die außerhalb der Welt irgendwo thront und ihre Majestät entfaltet, sondern die nah bei uns Menschen ist. Ein Gott der barmherzigen Treue zu uns Menschen. Einer, der sich von unserer Bosheit nicht abschrecken lässt. Ein Gott der Liebe.

Und seine Liebe gilt unabhängig davon, ob wir sie überhaupt verdienen. Sich eine Liebe verdienen zu wollen, ist ja ohnehin eine Vorstellung, vor der man nur warnen kann. Jeder Mensch – ganz gleich wie er seine Lebensgeschichte gestaltet, was er tut oder lässt – ist bereits allein dadurch Gottes geliebtes Geschöpf, dass er auf der Welt ist. Es gibt keinen größeren Liebeserweis Gottes an uns als den, dass er uns ohne jede Vorbedingung das Leben schenkt.

Mich begleitet durch die Jahre meiner theologischen und kirchlichen Arbeit das Beispiel des Berliner Theologen und Bekenntnispfarrers Dietrich Bonhoeffer. Die vielzitierte und vielbesprochene Freiheit eines Christenmenschen hat Bonhoeffer so genutzt, dass er rückhaltlos für die Menschen seine Stimme erhob, deren Leben durch das nationalsozialistische Regime ausgelöscht werden sollte. Für uns heute gilt gewiss nicht minder ein ganz wesentlicher Appell Bonhoeffers, den ich abgewandelt so aufnehmen möchte: Wer gregorianisch singt, muss auch für die Entrechteten, die Mittellosen und die Schwächsten einer Gesellschaft schreien.

Für mich besteht der Sinn des Lebens darin, meine Freiheit so zu gebrauchen, dass sie auch anderen zugutekommt. Die Freiheit eines Christenmenschen ist kein Freifahrtschein für alles Mögliche; sie ist ein Aufruf an unsere Vernunft, an unser Gewissen und an unser Vertrauen, uns in allem noch so schweren Entscheiden und Beschließen Gott in die Arme werfen zu dürfen. "

WOLFGANG HUBER, geboren 1942 in Straßburg, lebt in Berlin, verheiratet, drei Kinder, zwei Enkel, Theologe (bis 2009 Bischof in Berlin).

MIT MEINEN PFADFINDERN GEHE ICH IN DIE KIRCHE, MIT MEINER FAMILIE AN FESTTAGEN IN DIE MOSCHEE

" Ob ein muslimischer oder christlicher Gott – das ist für mich identisch. Mein Glaube ist nicht an einen speziellen Gott gebunden. Ich habe in der Bibel und im Koran gelesen, daraus hat sich mein eigener Glaube entwickelt. Unterschiedlich ist nur die Auffassung der Menschen. Mit meinen Pfadfindern gehe ich in die Kirche, mit meiner Familie an Festtagen in die Moschee. Für mich sind beide Gottesdienste gleich, nur die Präsentation ist anders. Ich finde, jeder Mensch sollte seinen eigenen Weg gehen.

Was mich sehr in meinem Glauben bestärkt hat, war ein Erlebnis im vergangenen Jahr: Meine Mutter und meine Schwester hatten einen schweren Autounfall. Totalschaden. Dass sie heil aus dem Wagen herausgekommen sind, haben sie Gott zu verdanken. Er hat sie beschützt. Daran glaube ich ganz fest. "

CANER IPEK, geboren 1992 in Bonn-Duisdorf, lebt in Meckenheim, Gymnasiast.

TROTZ ALLEM HABE ICH TIEF IN MEINEM INNEREN EIN URVERTRAUEN

,, Ich glaube an eine Kraft, die Kern des Lebens ist. Als Kind habe ich mir Gott bildlich vorgestellt, aber spätestens mit 13 Jahren war Gott nichts Figürliches mehr für mich, sondern eine abstrakte Größe. Durch meine Eltern bin ich sicher christlich geprägt. Doch sie wollten, dass ich mich selbst entscheide, und haben mich daher nicht taufen lassen. Ab der 5. Klasse bin ich in Leipzig auf eine evangelische Schule gegangen, die mir Glauben sehr lebendig nahegebracht hat. Ich habe mich dann ein Jahr vor der Konfirmation taufen lassen und bin sehr froh, dass es für mich eine so bewusste Entscheidung war.

Ich werde immer wieder in meinem Glauben bestärkt durch Begegnungen mit Menschen, die durch ihren Glauben eine immense Kraft entwickeln und die Welt ein wenig besser machen. Das habe ich vor allem in meinem Projekt „Schulen für Haiti" erfahren. Dort habe ich Menschen wie Pater Richard kennengelernt, ein beeindruckender Mann, der seit 25 Jahren in den Slums lebt.

Während meines Medizinstudiums bin ich immer wieder an einen Punkt gekommen, wo die Naturwissenschaft allein nicht alles erklärt. Und dann sind es natürlich die kleinen und großen Wunder des Lebens, wie die Geburten meiner zwei Kinder, die mich im Glauben bestärken.

Doch ich habe auch Zweifel, es funktioniert einfach vieles nicht auf dieser Welt. Es gibt zu viele Menschen, die ihren Glauben für kleine und große politische Kriege benutzen. Zu viele Menschen, die keine positive Vision haben. Und zu viele Menschen, die niemals eine Zukunft, eine Perspektive in ihrem Leben haben werden. Trotz allem habe ich tief in meinem Inneren ein Urvertrauen, das selbst, wenn ich es bewusst versuche, wirklich nicht zu erschüttern ist. ''

ALISSA JUNG, geboren 1981 in Münster, lebt in Berlin, zwei Kinder, Schauspielerin.

GOTT WIRD MIR SCHON BEISTEHEN

," In kritischen Situationen bitte ich Gott um Hilfe. Ganz intensiv war das am Annapurna, als wir uns auf 6800 Meter in einer großen Gefahrenzone mit sehr vielen Eislawinen bewegten. Mein Partner Ralf wollte zurück, ich bin weiter. Als ich durch war, merkte ich, dass Ralf doch nachkam; und dann habe ich anderthalb Stunden lang den Herrgott gebeten: Lass das gutgehen! Ich hätte es mir nie verziehen, wenn ihm etwas passiert wäre. Ich gehe keine unnötigen Risiken ein, ich renne nicht in einen Lawinenhang. Aber man muss zuweilen Entscheidungen treffen, wo man ein größeres Risiko eingehen muss, und dann habe ich im Hinterkopf: Gott wird mir schon beistehen. Im Inneren spüre ich ein Gottvertrauen. "

GERLINDE KALTENBRUNNER, geboren 1970 in Kirchdorf (Österreich),
lebt in Bühl (Schwarzwald), verheiratet, Extrembergsteigerin.

GOTT KANN NICHT GLEICHZEITIG ÜBERALL SEIN, ER IST NICHT FÜR ALLES VERANTWORTLICH

" Im vergangenen Sommer hatte ich ein schönes Erlebnis. Ich bin mit meiner neunjährigen Tochter um den Bodensee geradelt, nach einer 40-Kilometer-Etappe haben wir ein Hotel gesucht. Beim Tourismusverein schüttelten sie nur den Kopf: „Alles ausgebucht!" Bis auf ein Hotel, da könnte vielleicht noch was sein. Wir fuhren hin, und dort hat es tatsächlich geklappt. Als ich rauskam aus dem Hotel, sagte meine Tochter: „Uff, dafür habe ich gebetet." Dieser Satz hat mich total berührt.

Gott ist für mich eine Instanz, von der ich mir Kraft und Hilfe erbitte. Nicht für mich, auf mein eigenes Leben habe ich etwas mehr Einfluss. Aber für die Menschen, die ich liebe – für meine Kinder, meine Frau, meine Eltern, meinen Bruder, eben meine ganze Familie. Es gibt keinen Urlaub, in dem ich nicht in eine Kirche gehe und für meine Eltern bete. Mein Vater ist 89 Jahre alt, meine Mutter 82.

Kürzlich ist ein Freund an Krebs gestorben, es ging sehr schnell. Manche Leute fragen sich dann: „Warum hat Gott nicht besser aufgepasst?" Mir käme das nicht in den Sinn, Gott kann nicht gleichzeitig überall sein, er ist nicht für alles verantwortlich. Nein, ich habe nie an Gott gezweifelt, habe nie mit ihm gehadert. Da ist mein Anspruch anders: Ich will die Verantwortung behalten.

Meine Frau und ich, wir erziehen unsere Kinder nach christlichen Werten, also Mensch und Natur mit Respekt zu begegnen. Ich will unseren Kindern beibringen, aufmerksam zu sein und sich als Teil einer Gemeinschaft zu fühlen. Als wir auf einem Campingplatz waren, habe ich meinen Kindern – sie sind sechs und neun Jahre alt – gesagt: „Wir sollten unseren Platz sauberer verlassen, als wir ihn vorgefunden haben." Mein Grundsatz lautet: Hilf dort, wo du gerade bist. Die Mutter einer Praktikantin hat Probleme mit ihrem Arbeitgeber, natürlich unterstütze ich sie. Und der Witz ist ja: Helfe ich einem anderen, bringt mich das auch mit mir selbst weiter. **"**

PETER W. KARG, geboren 1952 in Heidelberg, lebt in Berlin, verheiratet, zwei Kinder, Organisationsberater.

DURCH MEINEN GLAUBEN WAGE ICH DINGE, DIE ICH MIR NIE ZUGETRAUT HÄTTE

"Ich glaube, wie es in der Bibel steht, an einen gnädigen, barmherzigen und geduldigen Gott. Wenn ich allein bin, ist mir Gott ganz nah. Er ist ein guter Freund und Partner, verständnisvoll, väterlich und Halt gebend. Im Gottesdienst erlebe ich ihn ganz anders: als ein allmächtiges, unbegreifliches, aber auch verehrungswürdiges Wesen. Da ist er der königliche Lenker und Lebensgestalter, der die Führung übernimmt, auf den ich vertrauen kann. Ich erlebe Gott sozusagen bedarfsgerecht.

In der Pubertät hatte ich mich vom Glauben distanziert, aber in der Jungschar und der Gemeinde das authentische Christsein wiedergefunden. Glaube, der eben nicht nur ein theoretisches Konstrukt ist, sondern gelebtes Leben. Ich beschäftige mich im Studium mit den verschiedensten Theologen. Am meisten beeindruckt bin ich von Dietrich Bonhoeffer. Er hat mich bestätigt auf dem Weg, den ich eingeschlagen habe.

Durch meinen Glauben wage ich Dinge, die ich mir nie zugetraut hätte. Lange Zeit war ich mir nicht sicher, ob ich wirklich geeignet bin, Pastor zu werden. Doch meine Erfahrungen im Freiwilligen Sozialen Jahr haben mir gezeigt, dass ich auf Menschen zugehen und ihnen eine innere Stütze sein kann.

Ich nehme mir jeden Tag Zeit für eine kurze Andacht oder eine innere Einkehr, eine Meditation, wie man auf Neudeutsch sagt. Ich bete bewusst und versuche, mein persönliches Gebet mit einem Vaterunser zu beenden. Ich suche immer wieder das Gespräch mit Gott und erfahre ihn als Beistand und Tröster. Mein Glaube ist tief und gefestigt. Als angehender Theologe frage ich mich aber auch: Was in der Bibel ist wirklich Gottes Wort? Was ist Menschenwort? Da muss ich eine eigene Position finden, der ich gerecht werden kann. Aber hinter all diesen Fragen steht letztlich immer ein ganz großes Ja von und zu Gott."

THORSTEN KISSER, geboren 1988 in Ludwigsburg, lebt in Kirchberg, Student der evangelischen Theologie.

ICH HATTE NIE ZWEIFEL AN MEINEM GLAUBEN

" Mein Glaube ist für mich klar und unerschütterlich, der gehört zu mir, so wie mein Name. Im Gegensatz zu vielen anderen, die sich irgendwann von ihrem Glauben getrennt haben, hatte ich nie dieses Bedürfnis – so als könnte ich mich gar nicht davon trennen. Ich hatte nie Zweifel an meinem Glauben.

Gerade in Krisenzeiten hat er mir geholfen, in einer Ehekrise, als es kurz vor der Scheidung stand. Damals hat mir mein Glaube Mut gegeben, mich unterstützt, mich stärker gemacht und mir geholfen, durchzuhalten und weiterzumachen.

Oder als mein Vater gestorben ist. Ich glaube an eine Wiedervereinigung im Tod, dass man sich in irgendeiner Form wiedertrifft. Insofern ist sein Tod nur eine vorübergehende Trennung.

Gottes Nähe spüre ich besonders, wenn ich mit meinen Kindern zusammen bin. Wenn ich sie spielen sehe, wenn sie schlafen – dass sie einfach da sind, dass sie das Ergebnis meiner Liebe zu meiner Frau sind.

Die Kinder sind beide getauft, wir haben auch kirchlich geheiratet. Ich mag diese Rituale, sie sind mir wichtig: So begleitet einen die Kirche von der Geburt bis zum Tod. "

DIETMAR KLEIN, geboren 1956 in Koblenz, lebt in Berlin, verheiratet, zwei Kinder, Regisseur von Dokumentationen und Fernsehfilmen.

IN DIESEM MOMENT FÜHLTE ICH MICH GETRAGEN

99 Ich glaube an einen gutmütigen Gott, der Wärme gibt und Halt. Wenn ich bete, beginne ich meistens mit dem Vaterunser und schiebe dann noch ein paar Sachen nach, die ich loswerden will. Ich gehe auch gerne in Kirchen, ich mag die Atmosphäre.

Seine Nähe spüre ich besonders in dramatischen Situationen wie den Verlust meines Vaters. Ich war dabei, als er an seinem 50. Geburtstag starb, er hatte Krebs. Er hatte noch einmal alle zusammengerufen, und als sein letzter Bruder kam, ist er gestorben. In diesem Moment fühlte ich mich getragen. 66

HANNELORE KRAFT, geboren 1961 in Mülheim an der Ruhr, wo sie bis heute lebt, verheiratet, ein Sohn, Politikerin.

MEIN GLAUBE IST KONSTANT, BEI MIR GIBT ES KEINE GEFÜHLSWALLUNGEN

" Ich stelle mir Gott nicht vor. Das brauche ich nicht, und das hat mir auch nie gefehlt. Er ist einfach immer da. Er ist kein dogmatischer Gott, keiner, vor dem ich Angst haben muss. Er erwartet von mir keine Ehrenbezeugungen und steht mir trotzdem wohlwollend gegenüber. Er ist jemand, mit dem ich mich austauschen kann. Jemand, in dem ich mich spiegeln kann.

Ich bin mit einer Pastorentochter verheiratet, das hat meine kirchlichen Aktivitäten verstärkt, aber nicht meinen Glauben verändert. Jeder nachdenkende Mensch wird sich irgendwann mit der Frage befassen, ob es Gott wirklich gibt. Ich habe allerdings die Erkenntnis gewonnen, dass mich die Beschäftigung mit dieser Frage nicht weiterbringt. Ebenso wie die Frage, warum Gott schreckliche Dinge und Katastrophen zulässt.

Lieben und leiden – beides gehört einfach zum Leben. Wir werden geboren, wir vergehen. Entscheidend ist am Ende nicht, wie lange du lebst, sondern dass du dabei gewesen bist. Wenn Menschen Unheil zustößt, dann trauere ich mit ihnen und bedaure sie, aber ich hadere deswegen nicht mit Gott. Mein Glaube ist konstant, bei mir gibt es keine Gefühlswallungen von starkem Glauben und großem Zweifel. Meine Frau und ich vertrauen auf Gott, aber die Verantwortung für unsere vier Kinder tragen wir als Eltern. Wir müssen sie beschützen, das können wir nicht einfach abgeben. "

JAN HENNING LANGE, geboren 1969 in Hanau, lebt in Bremen, verheiratet, vier Kinder (hier mit Sohn Gustav), Professor für Maschinenbau.

IN MEINER VORSTELLUNG IST ER DER LIEBENDE GOTT

"Gott hat dem Menschen den Auftrag zur Weltgestaltung gegeben. Das ist der Sinn, den man als Christ mitbekommt. Das belegen die Schriften des Neuen Testaments, und das steht auch in dem Brief von Paulus an die Galater. Ich selbst habe es früh als meine Aufgabe angesehen, mich zu engagieren und Dinge besser zu machen. Das begann mit der Pfarrarbeit, mit Schülerzeitung und Schülervertretung.

Gottes Gegenwart spüre ich besonders stark, wenn ich in den Gottesdienst gehe. Dann habe ich mal eine Dreiviertelstunde, mich zu konzentrieren und zu besinnen. Als Politiker hat man ja nie Muße, oft jagt ein Termin den anderen. Gehadert habe ich noch nie mit Gott, in meiner Vorstellung ist er der liebende Gott. Und auch der, der den Menschen Freiheit gegeben hat. Wir können Gott nicht für die vielen schrecklichen Dinge auf der Welt verantwortlich machen, denn Freiheit heißt auch, dass Menschen sich ebenso für das Böse entscheiden können.

Selbst schwere Schicksalsschläge konnten meinen Glauben bisher nicht erschüttern. Kürzlich starb eine gute Bekannte – sie war erst Anfang 40 – innerhalb weniger Wochen an einem Gehirntumor. Sie hätte noch die Abiturrede für ihre Tochter halten sollen, aber da war sie schon tot. Das sind Momente, in denen ich bete, in denen ich Gottes Unterstützung suche. Gebete wie das Vaterunser können mir dann sehr helfen."

ARMIN LASCHET, geboren 1961 in Aachen, wo er bis heute lebt, verheiratet, drei Kinder, Politiker.

IN KONFLIKTREICHEN ZEITEN IST GOTT FÜR MICH EINE GROSSE HILFE

,, Gott ist für mich eine höhere Instanz, vor der ich mich verantwortlich fühle. Und zwar nicht nur für das, was ich getan, sondern auch für das, was ich unterlassen habe. Gerade in der Politik ist es verführerisch, konfliktbeladene Wege zu meiden. Das heißt aber auch, wie Pontius Pilatus die Hände in Unschuld zu waschen. In konfliktreichen Zeiten ist Gott für mich eine große Hilfe. Ich kenne ja auch das Gefühl, dass mir alles zu viel wird. Doch ich spüre dann diese tiefe Sicherheit: Wenn ich falle und nicht mehr kann, ist da ein Gott, in dem ich mich aufgehoben und in schwachen Momenten geborgen fühle. ,,

URSULA VON DER LEYEN, geboren 1958 in Brüssel, lebt in Burgdorf-Beinhorn und Berlin, verheiratet, sieben Kinder, Politikerin.

DANN IST IM PFARRGARTEN EINE SPRENGBOMBE GELANDET, UND ICH HÄTTE GENAU DORT SEIN KÖNNEN

" Ich habe das Gefühl, dass ich manchmal von einem höheren Wesen – sei es ein Engel oder ein anderes Wesen – vor Gefahren bewahrt worden bin. Während der letzten Kriegstage wollte ich beispielsweise ins Dorf gehen. Aus irgendeinem Grund hatte ich das Gefühl, ich sollte nicht dorthin gehen. Dann ist im Pfarrgarten eine Sprengbombe gelandet, und ich hätte genau dort sein können.

Es gibt wohl nicht nur unsere reale Welt, es muss noch eine andere Ebene geben. Meine Illustratorin, sie ist in Indien aufgewachsen, hat mir kürzlich eine komische Geschichte erzählt, bei der ich dachte: Vielleicht gibt es tatsächlich eine Wiedergeburt. Sie berichtete von einem Mädchen, das immer ein Haus beschrieb, in dem es ihr übel ergangen sei. Endlich hörte man auf dieses Mädchen und ist zu diesem Gebäude, das in einer anderen Stadt stand, gegangen. Sie führte ihre Begleiter in ein bestimmtes Haus, und es hat sich herausgestellt, dass dort ein Mann seine Frau ermordet hat – und zwar zwei Tage bevor das Mädchen geboren wurde. Nachdem sie das Haus gesehen hatte, war diese Vision weg und sie wurde wieder normal. "

PAUL MAAR, geboren 1937 in Schweinfurt, lebt in Bamberg, verheiratet, drei Kinder, Kinder- und Jugendbuchautor.

ICH WILL NICHT AUSSCHLIESSEN, DASS ES IRGENDWANN IN MEINEM LEBEN EINE OFFENBARUNG GIBT

" In meiner Jugend war die evangelische Kirche eine wichtige Gemeinschaft für mich. Wir haben Jugendgottesdienste gemacht, und das Singen im Kirchenchor war großartig. Der religiöse Gehalt dieses Glaubensmomentes hat mich aber immer gestört. Diese Lobpreisungen von etwas, das ich nicht fassen konnte, waren eher ein Hindernis. Die Arbeit in der Gemeinde war wunderbar, aber das, was sie zusammengehalten hat – wenn es denn die Religion war – habe ich nicht empfunden.

Das einzige Glaubensmoment, das ich in mir finde, ist tatsächlich ein Glaube an die Liebe. Sonst bin ich ein eher wissenschaftlich zentrierter Mensch und eine Skeptikerin, was transzendentale Dinge angeht. Ich finde mich am besten wieder in der Beschreibung des Agnostikers, der sagt: Ich weiß nicht, ob da was ist. Ich kann es weder belegen, noch aber kann ich es widerlegen. Ich lasse die Frage gewissermaßen offen, ich will nicht ausschließen, dass es irgendwann in meinem Leben eine Offenbarung gibt.

Außerdem bin ich durch meinen Beruf verdorben, ich arbeite seit 20 Jahren sehr nachrichtlich, aktualitätsbezogen. Meist geht es mehr um Nachrichten von außen, als um die von innen. Natürlich gewinnt man in so vielen Jahren ein bisschen an Tiefe dazu, aber ich bin zu oft damit beschäftigt, Menschen zu interviewen, die Tiefe haben, als mich darum zu kümmern, meine eigene herzustellen. "

SANDRA MAISCHBERGER, geboren 1966 in München, lebt in Berlin, verheiratet, ein Kind, Journalistin.

PROZESSIONEN BERÜHREN MICH IMMER NOCH TIEF

" Ich glaube nicht an einen personifizierten Gott. Es gibt viel mehr Dinge, als ich menschlich erfassen kann. Für mich geht es vielmehr um Energie und um Lebenszusammenhänge, die über den Tod hinausgehen.

Ich gehe selten in Gottesdienste. Ich brauche keine Predigten als Denkanstoß, sondern beschäftige mich mit grundlegenden Fragen lieber in der Diskussion mit anderen Menschen, in Literatur und Kunst. Meinen Glauben lebe ich nicht in Ritualen, die kirchlich geprägt sind. Ich erfahre ihn vielmehr in Gesprächen oder Erlebnissen.

Ich bin katholisch aufgewachsen, dann aus der Kirche ausgetreten und vor einigen Jahren in die evangelische Kirche eingetreten. Ich mag den Freiraum im Denken bei den Protestanten. Andererseits fühle ich mich als ehemalige Katholikin aus Süddeutschland auch der Bilderwelt meiner Kindheit verbunden. Prozessionen berühren mich immer noch tief. Als Künstlerin lebe ich im Maskenspiel meine Bilderwelten. "

SYLVIA MAY, geboren 1962 in Würzburg, lebt in Bremen, ein Sohn, Künstlerin.

GOTT IST EIN GEFÜHL VON GÜTE IN MIR, VON WAHRHEITSLIEBE, VON KLUGHEIT

" Die Religionen sind von uns Menschen gemacht, und ob es einen Gott gibt – ich weiß es nicht. Ich glaube aber an ein Bedürfnis nach Gott. Ich wurde evangelisch erzogen und habe schon als Kind mit Gott gesprochen. Abends betete ich: Lass meiner Mutter und meinem Vater nichts passieren, lass sie gesund bleiben. Dahinter stand natürlich auch meine Angst vor den eigenen Aggressionen, dass ich Unheil über meine Eltern bringen könnte, weil ich am Tag wütend auf sie war. Als Kind werden einem ja meist sehr viele Schuldgefühle eingepflanzt. Auch heute spreche ich noch mit Gott, man muss mit jemandem sprechen. Gott ist für mich die Wahrheit, Jesus sagt doch im Johannesevangelium: „Ich bin der Weg und die Wahrheit und das Leben." Vor allem sehe ich Gott nicht als Person außerhalb von mir. Ich habe ihn auch nie angeklagt, dann hätte ich ihn ja außen sehen müssen. Viele fragen sich: Wie konnte Gott es zulassen, dass die Deutschen andere zu Untermenschen herabgewürdigt haben, dass sie systematisch ein ganzes Volk auslöschen wollten? Ich wäre nie auf die Idee gekommen, eine solche Frage zu stellen. Viele haben durch die Konzentrationslager ihren Glauben an Gott verloren. Mein Gott ist nicht ein solcher Gott. Für mich ist er ein Gefühl von Güte in mir, von Wahrheitsliebe, von Klugheit – Gott hat alle Eigenschaften, die ich am meisten schätze. "

MARGARETE MITSCHERLICH-NIELSEN, geboren 1917 in Gravenstein, lebt in Frankfurt am Main, war verheiratet mit Alexander Mitscherlich, ein Sohn, Psychoanalytikerin.

chrismon plus

Das evangelische Magazin

chrismon plus diskutiert aus der Perspektive christlicher Ethik Themen, deren Bedeutung über kurzlebige Tagesaktualität hinausgeht. Unterhaltsam, informativ, dialogfreudig und mit ansprechender Bildästhetik. **chrismon plus** erscheint monatlich.

www.chrismon.de

chrismon plus

Das evangelische Magazin 05
www.chrismon.de   € 4,50

Wir sind gut!

Kein „Abi 2011", aber Hauptschulabschluss. Irgendwo wird es doch einen Job geben, eine Chance für Siddharta, Seyhan und Kristina!
Seite 14 – 21

Sie haben ein Buch aus der edition chrismon gekauft. Herzlichen Dank!

Haben Sie auch Interesse an unserem Monatsmagazin **chrismon plus**? chrismon plus bietet Ihnen Geschichten über Menschen in außergewöhnlichen Situationen, hintergründige Reportagen, fundierte Kommentare. chrismon plus regt an: zum Nachdenken, Weiterdenken und Miteinanderreden.

Haben wir Sie neugierig gemacht? Dann machen wir Ihnen einen Vorschlag: Wir schicken Ihnen kostenlos ein Probeheft – Sie sagen uns Ihre Meinung dazu.

☒ **Ja,** bitte senden Sie mir ein kostenloses Probeheft von chrismon plus zu.

Name | Vorname

Straße | Hausnummer

PLZ | Ort

☐ Ich bin damit einverstanden, dass Sie mich telefonisch befragen

Sie erreichen mich unter dieser **Telefonnummer**

Antwort

chrismon plus

Hansisches Druck- und
Verlagshaus GmbH

Postfach 50 05 50

60394 Frankfurt

Das Porto
übernehmen
wir für Sie.

JESUS WAR BESTIMMT
EIN COOLER TYP

" Es gibt etwas, vielleicht ist es eine Energieform. Auf der Erde machen wir unsere Erfahrungen, wir gehen wieder zurück, sind womöglich in so einem Energietopf drin, und dann geht es weiter.

Und Jesus? Ich glaube, mit meinen Jesuswitzen bin ich ihm oft näher als die Leute, die sich über mich beschweren. Jesus war bestimmt ein cooler Typ. Der hatte ein Charisma, das war so groß, dass du kaum durch die Tür kommst. Ich glaube nicht, dass er dieser Oberverklärte war, der muss auch kein Wasser in Wein verwandelt haben. Vielleicht war Jesus einer von den Jungs, die immer wissen, wo man noch was auftreiben kann, wo noch ein paar Fässer Wein versteckt sind. Ich bin eigentlich Jesusfan. Seine Maxime ist die beste, die je hingelegt wurde: Handle so, wie du auch selbst behandelt werden willst, sei kein Egoist. Wenn Leute wie George W. Bush das beherzigen würden, dann wäre er nie in den Irak einmarschiert. **"**

MICHAEL MITTERMEIER, geboren 1966 in Dorfen (Oberbayern), lebt in München, verheiratet, eine Tochter, Comedian.

ICH MÖCHTE EINE GUTE CHRISTIN SEIN, KANN ES ABER NICHT IMMER

,, Für mich ist Gott eine Allmacht. Ich bete morgens und abends zu ihm und bedanke mich, auch wenn der Tag manchmal etwas bringt, was ich nicht verstehe. Meinen Glauben erfahre ich jeden Tag neu, vor allem in der Natur. Zum Beispiel im Frühling, wenn alles neu wächst und gedeiht.

In meinem Leben, vor allem in meiner Ehe, hat es große Krisen gegeben. Mein Mann hat getrunken. Eines Tages habe ich ihn vor die Wahl gestellt: Alkohol oder Familie. Er hat sich spontan für die Familie entschieden. Das hätte ich nie für möglich gehalten. Das hat mich bestärkt in meinem Glauben. In guten wie in schlechten Zeiten – so heißt es bei der Trauung. Wir haben zusammengehalten. 2008 haben wir goldene Hochzeit gefeiert.

Natürlich kommen mir auch Zweifel bei allem Unheil, das es auf der Welt gibt, aber Gott kann schließlich nicht auf jeden Einzelnen aufpassen. Ich möchte eine gute Christin sein, kann es aber nicht immer. Es gibt Momente, da kann ich meine Feinde nicht lieben, aber ich bemühe mich weiter. ,,

GISELA OTTSEN, geboren 1933 in Cuxhaven, wo sie heute auch lebt, verheiratet, zwei Kinder, zwei Enkelkinder, Rentnerin.

NATÜRLICH HABE ICH MANCHMAL ZWEIFEL, MEINE SCHWIEGERTOCHTER IST MIT 39 JAHREN GESTORBEN

"Ich kann mir nicht vorstellen, dass Gott auf einer Wolke sitzt und vom Himmel auf uns herabschaut. Ich glaube, dass er eine allgemeine Kraft ist. Meine Frau war immer in der Kirche engagiert, anfangs ist sie alleine in die Kirche gegangen. Wir haben dann viel über Religion geredet, und schließlich hat sie mich überzeugt. Seitdem gehen wir zusammen zum Gottesdienst und wir beten auch jeden Tag.

Natürlich habe ich manchmal Zweifel, meine Schwiegertochter ist mit 39 Jahren gestorben. Zwei kleine Kinder. Mein Enkel hat damals gesagt: „Lieber Gott, das kann ich jetzt einfach nicht mehr sagen." Und ich konnte es auch nicht. Ist das ein lieber Gott, der so etwas zulässt?

Andererseits: Ich habe in den vergangenen Jahren viele schwere Krankheiten aushalten müssen, wäre fast gestorben, dass ich all das überlebt habe, das habe ich Gott zu verdanken. Ich bin seit einigen Jahren ehrenamtlich tätig in unserer Gemeinde, in einem Projekt für Obdachlose und bei der Cuxhavener Tafel. Es ist mir ein inneres Bedürfnis, Menschen in Not zu helfen, so wie Jesus es vorgelebt hat. Ehrenamt ist gelebtes Christentum. Das verstehe ich unter Nächstenliebe."

GÜNTHER OTTSEN, geboren 1934 in Wattenbek, lebt in Cuxhaven, verheiratet, zwei Kinder, zwei Enkelkinder, Rentner.

FROMME REDEN SIND MEINE SACHE NICHT

" Ich glaube an den Gott, der viele Namen trägt, ohne beliebig zu sein. Der sich in vielerlei Gestalten offenbart und trotzdem der Eine ist. Der sich nicht einengen lässt von Religionen und Konfessionen. Früher wollte ich in einer Konfession zu Hause sein, inzwischen muss ich das nicht mehr. Heute kann ich besser mit offenen Fragen leben. Mir scheinen Fragen ehrlicher zu sein als unerschütterliche Gewissheiten. Allgemeingültige Antworten und fromme Reden sind meine Sache nicht. Jeglicher Anspruch auf den alleinigen Besitz der Wahrheit verursacht mir massives Unbehagen.

Warum ich mehr als zwölf Jahre im Kloster geblieben bin? Es war die Suche, die stete Hoffnung, hinter der nächsten Ecke doch noch mehr zu finden. Nach dem Motto: Ich gebe nicht so schnell auf, ich jage dem Absoluten weiter nach. Wenn ich etwas aus diesen Klosterjahren vermisse, sind es einzelne Menschen. Ich bin froh und dankbar, dass ich eine Zeit lang mit ihnen zusammenleben durfte, doch mein Leben heute ist völlig anders: Ich kann meine Zeit dem Schreiben widmen, lebe in einem Haus mit Freunden und Kindern, da herrscht oft ein fröhliches Kommen und Gehen. Ich denke, ich bin heute zufriedener, ohne dass die Suche deshalb zu Ende wäre. "

VERONIKA PETERS, geboren 1966 in Gießen, lebte zwölf Jahre in einem Kloster, heute wohnt sie in Berlin, verheiratet, eine Tochter, Schriftstellerin.

ICH WÜRDE MAL EIN BISSCHEN MEHR DIE ZÄHNE ZEIGEN

" Ich bin auf der religiösen Seite eher unbegabt, das ist mir nicht gegeben. Glauben ist ja auch eine Fähigkeit, und die habe ich nicht. Aber so was kann sich ändern, bei vielen Leuten kommt der Glaube mit dem Alter. Wenn es bei mir mal dazu kommen sollte, wäre es sicher der evangelische Gott. So bin ich aufgewachsen, das hat mich geprägt. Es wäre Unsinn, im Alter mit etwas Neuem anzufangen. Ich finde ohnehin: Eine Religion muss jeder Mensch gescheit lernen, damit er sich entscheiden kann, ob er das haben will oder nicht. In der Pubertät stellt man meistens fest, ob einem die Religion etwas bedeutet oder nicht. Deshalb ist es gut, wenn die Kinder vorher Religionsunterricht haben und sich schlau gemacht haben. Ich habe mich schon nicht mehr konfirmieren lassen, ich war sehr auf polit.

Die ganze christliche Sause hat ja auch weniger mit dem Leben als mit dem Tod zu tun. Und dem Trost, was den Tod betrifft. Dann müssen viele Menschen darauf zurückgreifen, das verstehe ich gut, jeder Mensch hat Angst vor dem Sterben und dem Tod. In meinem Alter geht man ja öfter auf Beerdigungen. Wenn ich protestantischer Pfarrer wäre, würde ich allerdings die schöne Gelegenheit nicht verstreichen lassen, der versammelten Trauergemeinde mal ordentlich die Ohren langzuziehen: Dass es mal wieder typisch ist, dass sich alle das ganze Jahr nicht blicken lassen und nicht über den lieben Gott nachdenken, aber wenn einer stirbt, muss doch der Pastor ran, weil sie sonst keinen Trost haben, weil sie dann doch am Ende diesen Trost des jenseitigen Lebens brauchen. Ich würde mal ein bisschen mehr die Zähne zeigen. "

SVEN REGENER, geboren 1961 in Bremen, lebt mit Frau und Kindern in Berlin, Sänger, Musiker (Element of Crime) und Schriftsteller („Herr Lehmann").

GERADE ALS KIND HABE ICH IN DER RELIGION VIEL GEBORGENHEIT GEFUNDEN

„Ich glaube an zwei Götter: Der eine ist der Gott des Physikers. Der Gott, der die Naturgesetze geschaffen hat, der in seiner Spiritualität den Kosmos durchdringt. Der andere ist der katholische Gott meiner Kindheit, der personalisierte Gott in der Gestalt Jesu. Gerade als Kind habe ich in der Religion viel Geborgenheit gefunden. Aber auch heute habe ich irgendwie noch eine gehörige Portion seligen Gottvertrauens. Gehe ich das rational an, weiß ich natürlich, dass mir jeden Tag etwas Schlimmes passieren kann. Aber daran denke ich nicht. Als Unternehmer bleibt einem ohnehin nichts anderes übrig, da muss man den Tag positiv und optimistisch beginnen, sonst hat man gar keine Chance, sonst geht man unter.

Vor 20 Jahren fiel es mir allerdings schwer, durchweg optimistisch zu bleiben, damals war das Unternehmen in einer existenziellen Krise, ich musste Massenentlassungen durchführen. Damals habe ich das eine oder andere Mal gebetet. Nicht in der ernsthaften Hoffnung, dass mir ein lieber Gott hilft, sondern mehr als Sammlung und Konzentration.

Das Schicksal, der liebe Gott haben es gut mit mir gemeint: Ich bin gesund, ich wurde in ein wohlhabendes und einigermaßen brauchbares Elternhaus geboren. Da will ich den Menschen etwas zurückgeben. Daher habe ich etliche ehrenamtlichen Ämter übernommen, ich bin unter anderem Präsident der Vereinigung der Bayerischen Wirtschaft und Vizepräsident der Bundesvereinigung der Deutschen Arbeitgeberverbände."

RANDOLF RODENSTOCK, geboren 1948 in München, wo er bis heute lebt, verheiratet, zwei Kinder, Unternehmer.

EIGENTLICH BRAUCHE ICH BLOSS DIE ARME AUSBREITEN, TIEF EINATMEN – UND ICH KRIEGE KRAFT

" Vom Mikro- bis zum Makrokosmos sind überall äußerst sinnfällige Strukturen. Ob ein Krokodil, eine Brennnessel oder ein Armin Rohde: All diese Einheiten haben bis ins Kleinste hinein eine verblüffende Struktur, bei der ich nicht an Zufall glauben mag. Ob ich zuweilen die Nähe Gottes spüre? Ja. Es ist doch physikalisch erwiesen, dass wir ständig von Teilchen aus dem Weltall durchdrungen werden. Ich bin kein Metaphysiker, ich bin kein Spinner, aber ich empfinde das als eine Quelle der Energie: Eigentlich brauche ich bloß die Arme ausbreiten, tief einatmen – und ich kriege Kraft. Für mich zeigt sich Gott in dieser Energie und in der Schönheit und Sinnfälligkeit dieser Welt. "

ARMIN ROHDE, geboren 1955 in Gladbeck, lebt in Bochum, verheiratet, Schauspieler.

ER IST MEIN BESCHÜTZER

" Gott hat für mich kein spezielles Aussehen. Er ist mein Be-
schützer, und er ist ein positiver Gott. Ich habe keine Zweifel,
ich glaube und schöpfe Kraft daraus. In der Pubertät habe
ich mich viel mit Gott beschäftigt, habe Bibelgeschichten gelesen. Ich versuche, mich so zu verhalten, wie es die Zehn
Gebote sagen.

Mir hilft der Glaube in vielen Situationen. Meine Frau ist
neidisch, dass ich aufgrund meines Glaubens mit Trauer
ganz anders umgehen kann als sie, vieles einfach leichter
nehme. In der Zeit, als meine Kinder geboren wurden, sind
mein Vater und mein Großvater gestorben. So ist das: Einer kommt, einer geht. Zu Hause bete ich wenig, aber in
dem kirchlichen Kindergarten, in dem ich arbeite, halten
wir Tischgebete und sprechen über religiöse Themen. Ich
mache meinen Glauben nicht an der Kirche fest. Ich bin katholisch, arbeite aber in einem evangelischen Kindergarten.
Ich sehe mich als Christ. "

RENE ROZEK, geboren 1975 in Bremen, wo er heute auch lebt, verheiratet, vier Kinder, Erzieher.

ICH HABE EIN INNIGES VERHÄLTNIS ZU MEINEM GOTT

„ Ich glaube an einen liebenden Gott, an einen verzeihenden Gott, der mich auf dem Weg hält. Der mich morgens aus dem Spiegel anguckt und mich fragt: War das gut? Oder auch sagt: Das war nicht so gut. Manchmal macht man ja Dinge, die nicht so gut waren. Und dann kann ich ins Zwiegespräch gehen und überlegen: Warum war das so? Ich habe ein inniges Verhältnis zu meinem Gott. Er hat mir immer viel Kraft gegeben. Ich habe in meinem Leben oft an Stellen gestanden, an denen ich dachte: Es geht nicht weiter. Ich war jung, als ich schwanger wurde, ich war 21 Jahre alt. Mein Mann und ich hatten gegen große Vorbehalte in unserem Umfeld zu kämpfen – und wir hatten sehr wenig Geld. Das war nicht immer einfach. Ich habe an uns geglaubt und an unseren Weg, aber irgendwie war da noch mehr: eine Sicherheit, dass es weitergeht. "

KATHARINA SAALFRANK, geboren 1971 als Tochter eines Pfarrers in Bad Kreuznach, lebt in Berlin, verheiratet, vier Söhne, Diplom-Pädagogin und Musiktherapeutin, wurde bekannt mit der Sendung „Die Super Nanny".

ICH BEFINDE MICH AUF EINER ENTDECKUNGSREISE

" Ich habe mich bis vor kurzem nicht besonders für das Christentum interessiert. Vor allem weil ich Schwierigkeiten habe, mir Gott in der personifizierten Form eines Vaters vorzustellen. Lange Zeit fühlte ich mich nur dem Buddhismus verbunden, vor allem weil mir die Vorstellung von Wiedergeburt näher ist als der Glaube an das ewige Leben im Himmel. Ich habe keine feste Vorstellung von Gott. Gott ist für mich so etwas wie eine Blackbox, wie das Universum, von dem ich auch nicht weiß, was am Ende ist.

Doch seitdem ich in einer Gemeinde in der offenen Jugendarbeit arbeite, befinde ich mich auf einer Entdeckungsreise. Ich erlebe bei meiner Arbeit einen sehr engagierten Pfarrer. Und stelle fest, dass es vieles aus dem Buddhismus, wie zum Beispiel Achtsamkeitsmeditation, auch bei den Christen gibt.

Seit ich den gemeindepädagogischen Grundkurs an der Evangelischen Fachhochschule mache, befasse ich mich auf höherer theologischer Ebene mit Gott. Für meine Weiterbildung muss ich viel in der Bibel lesen und finde dort Geschichten, die zutiefst menschlich und ergreifend sind.

Inzwischen habe ich ein tiefes Vertrauen in eine allmächtige Energie. Gott ist in uns allen, in jedem Tier und in jeder Pflanze. Ja, ich spüre den Gottesfunken vor allem in der Natur. Auf dem Kirchentag in Bremen habe ich erlebt, dass ich mich nicht nur in Gebeten, sondern auch durch Tanz und Bewegung ausprobieren kann, um so meine eigene Spiritualität zu entdecken. Mein ganzes Sein zu erleben, das wünsche ich mir auch in Zukunft in der Kirche. Ich hoffe, dass ich auf dem Weg zu Gott bin. "

STEPHANIE SANTOWSKI, geboren 1972 in Essen, lebt in Münster, Diplom-Sozialpädagogin.

KIRCHEN STRAHLEN ETWAS UNGLAUBLICH SCHÖNES AUS

," Als ich in Wien gewohnt habe, bin ich in meiner Nähe öfters in eine Kirche gegangen, um dort Ruhe zu finden. Kirchen strahlen etwas unglaublich Schönes aus, auch durch diese Kühle, dieses Feucht-Muffige, das mag ich total gern. Ich glaube, dass es Kräfte gibt, die uns unterstützen, die uns zur Seite stehen, wenn es uns nicht so gut geht. In solchen Momenten habe ich manchmal das Gefühl: Da ist eine Kraft, die mich begleitet. Dann kommt eine extreme Ruhe über mich. Ich spüre einen Trost und werde innerlich weich und warm. Alle Töne um mich herum verändern sich und ich kann loslassen, und ich habe das Gefühl: Da ist etwas, das extrem liebevoll und schön ist. Zuweilen aber hadere ich mit allem und denke: Dort oben sitzt dieser Kerl und sagt: ,'tschuldigung, ich bin komplett überfordert, ich kann mich gerade nicht darum kümmern, dass du dich ein bisschen traurig fühlst.' "

ANNEKE KIM SARNAU, geboren 1975 in Klein Offenseth-Sparrieshoop, lebt in Berlin, Schauspielerin.

…DASS ES GEFÄHRLICH IST, IMMER DEN LEICHTESTEN WEG ZU GEHEN

" Ich habe das Gefühl, dass es eine Kraft gibt. Wenn ich manchmal vor einer schwierigen Entscheidung stehe oder mich etwas sehr verletzt, denke ich mittlerweile: Das wird schon seinen Sinn haben. Ich bin überzeugt, dass manche Rückschläge mir zeigen sollen, dass es gefährlich ist, immer den leichtesten Weg zu gehen und im Leben alles zu erreichen. Rückschläge sind wichtig, um noch einmal neu anzufangen und eine andere Richtung einzuschlagen. Je mehr Rückschläge wir verkraftet haben und dabei versuchen, den richtigen Weg zu finden, desto ruhiger können wir vielleicht sterben, wenn es so weit ist. Ich glaube nicht, dass dort oben ein bärtiger Mann ist, der alles lenkt. Für mich sind das Energien, die ich wahrscheinlich Gott nennen würde. "

ANDREA SAWATZKI, geboren 1963 in Kochel am See/Bayern, lebt in Berlin, verheiratet, zwei Kinder, Schauspielerin.

GEHADERT HABE ICH NICHT MIT GOTT

" Ich habe immer wieder die Erfahrung gemacht, dass ich gehalten wurde. Ich beschreibe das gern mit der Erfahrung, als ich nach dem Attentat im Krankenhaus auf der Intensivstation lag. Ich befand mich in einem ziemlich trostlosen Zustand. Es ging mir zunächst hundselend: Ich wurde künstlich beatmet, ich konnte nichts essen, der Kiefer war verletzt. Aus eigener Kraft kann man das nicht überstehen. Es gibt eine schöne Fassung des Glaubensbekenntnisses von Dietrich Bonhoeffer: „Ich glaube, dass Gott uns in jeder Notlage so viel Widerstandskraft geben will, wie wir brauchen."

Das verstehe ich unter gehalten werden: Dass man solche Situationen überstehen kann, dass man nicht so ganz allein ist, dass man hoffentlich auch nicht allein ist, wenn das Leben zu Ende geht. Man macht die Erfahrung: Es geht weiter, selbst wenn man sich das vorher nicht vorstellen kann. Natürlich habe ich auch gebetet.

Gehadert habe ich nicht mit Gott. Ich habe nie gefragt: „Warum ich? Was für eine Ungerechtigkeit!" Merkwürdigerweise habe ich das nie so empfunden. Wenn man von morgens bis abends darüber nachdenkt: „Warum ich?" – dann hat man nicht begriffen, dass jeder Mensch einzigartig ist.

Ob ich an ein Leben nach dem Tod glaube? Ich denke schon, dass etwas kommt, aber ich habe bisher nicht geschafft, es mir vorzustellen. Ob es ein individuelles Leben nach dem Tod gibt und was das mit dem ewigen Leben genau bedeutet, das weiß ich nicht. Aber ich glaube, dass es mehr gibt als nur diese irdische Existenz des Menschen. "

WOLFGANG SCHÄUBLE, geboren 1942 in Freiburg, lebt in Berlin, verheiratet, vier Kinder, Politiker.

WENN ICH BÄUME ANSCHAUE, BRAUCHE ICH ÜBER GOTT NICHT NACHZUDENKEN

"Da ich sprachlich empfindlich bin, käme es mir kitschig vor, wenn ich mich selbst sagen hörte: Ich glaube an eine Weltenseele. Das entspricht mir nicht. Wenn Buddhisten davon sprechen, kann ich das sehr ernst nehmen. Ich weiche bewusst dieser Frage aus. Nicht, weil es mich nicht interessiert, sondern weil ich merke: Das bin ich, der etwas enger macht, als ich es haben möchte. Aber so viel kann ich sagen: Ich habe eine ganz starke Beziehung zu Bäumen, wenn ich Bäume anschaue, brauche ich über Gott nicht nachzudenken, das erübrigt sich dann. Bei Kindern genauso, oder auch erwachsene Menschen – das Mysterium ist in den Wesen um mich herum anwesend."

EDGAR SELGE, geboren 1948 im sauerländischen Brilon, lebt in München und Berlin, verheiratet, zwei Kinder, Schauspieler.

MIT DER KIRCHE HATTE ICH SEHR VIELE HARTE AUSEINANDERSETZUNGEN

„ Ich glaube an einen christlichen Gott. Wir Menschen brauchen diesen Gott, wir brauchen ein höheres Wesen. Wenn der Mensch dieses nicht anerkennt, erklärt er – wenn er die Macht hat – sich selbst zum höheren Wesen. Das kann man schon in den griechischen Tragödien nachlesen. Eine gottlose Welt ist eine Welt, in der sich andere zu Gott machen.

Manchmal bete ich, nicht jeden Abend, aber zu bestimmten Anlässen. Der Glaube gibt Kraft, Werte wie Wahrheitsliebe, Hilfsbereitschaft und Verständnis zu haben für andere Menschen bedeuten mir viel.

Stirbt jemand, sollte er christlich beigesetzt werden. Waren Sie mal bei einer nichtkirchlichen Beisetzung? Ich war bei der eines Feuerwehrmannes, er muss ein großartiger Mensch gewesen sein. Auf dieser Beerdigung wurde aus dem Lautsprecher ein Requiem abgenudelt, dann wurde in Plastikhülle eingeschlagen vorgelesen, wann er geboren wurde und wie alt er wurde und was er gemacht hat. Schließlich wurde die Urne versenkt. Auf dem Rückweg sagte ich zu meiner Frau: „Brandenburg ist im christlichen Sinne ein trostloses Land. Selbst wenn wir richtig Kohle hätten, würde noch immer etwas fehlen." Kirchenlosigkeit führt zur Perspektivlosigkeit.

Mit der Kirche hatte ich sehr viele harte Auseinandersetzungen, vor allem ging es um die Nachrüstung und das Aufenthaltsrecht von Ausländern. Die Kirche glaubt immer, sie müsse sich zum Anwalt der Schwachen machen. Wenn zum Beispiel ein Gericht entschieden hat, dass eine vietnamesische Familie ausreisepflichtig ist, dann kommt der Pfarrer und sagt: „Wir geben der Familie Kirchenasyl." Aber einen Kirchenstaat haben wir nicht mehr, wir haben einen Rechtsstaat. Und wenn ein Gericht urteilt, kann ich als Innenminister nicht sagen: „Ach, wenn die Kirche so meint, lassen wir das mal sein, die haben das bessere Gewissen." Der Rechtsstaat muss auch dann gelten, wenn die Kirche anderer Meinung ist. “

JÖRG SCHÖNBOHM, geboren 1937 in Neu Golm, lebt in Kleinmachnow, östlich von Potsdam, verheiratet, drei Kinder, Politiker.

HERR, GIB MIR DIE KRAFT, DAS ZU TUN, WAS DU VON MIR VERLANGST

„ Ich bin aufgewachsen in der Vorstellung, dass unser Gott ein allmächtiger Gott ist und ein gütiger. Aber auch ein strenger, weil er einem eine Menge zumuten kann. Die Frage, warum er das tut, können wir nicht beantworten.

Das wichtigste Gebet ist für mich immer: Herr, gib mir die Kraft, das zu tun, was Du von mir verlangst! 1989 ist mein erster Mann Alexander an Krebs gestorben, das waren schwierige Jahre, in denen ich mit unseren beiden Kindern allein war. Damals habe ich eine Zeit lang zwar nicht an der Existenz Gottes, aber an seiner Güte gezweifelt.

In dieser Phase bin ich einmal in Berlin zu meinem Pfarrer gegangen und habe ihm gesagt: Ich werde die nächsten Wochen nicht zur Messe kommen, ich kann nicht richtig fromm sein, ich habe im Moment meine Probleme. Er hat mir geantwortet: Sie tun mir gar nicht leid. Sie haben eine Krise, Gott hat noch mehr mit Ihnen vor. Genau so ist es gekommen. Das war der Vorlauf für sehr viel deutlichere Herausforderungen. Ich war meinem Pfarrer damals nicht böse, weil er so scheinbar kühl reagiert hat. Denn letztlich war er gar nicht kühl, sondern sehr zugewandt.

Die bisherige Quintessenz meines Lebens geht dahin, dass noch jede Forderung, die ich als sehr hart oder bitter empfunden habe, mir letztlich zum Heil gereicht ist. Selbst das Leid, das ich empfunden habe, als mein Mann starb, sehe ich heute positiv. Denn ich bin dadurch sehr viel aufmerksamer geworden für meine Umwelt und meine Mitmenschen. Und ich habe erfahren dürfen, dass man selbst aus tiefster Verzweiflung wieder herauskommt. "

GESINE SCHWAN, geboren 1943 in Berlin, lebt in Berlin, verheiratet, zwei Kinder, Politikwissenschaftlerin.

ZWEIFEL GEHÖREN ZUM GLAUBEN, SONST FEHLT DIE DYNAMIK

" Die Beziehung zu Gott ist wie der Mond, der zu- und abnimmt und nie gleich bleibt. Es ist ein andauerndes und dynamisches Beziehungsgeflecht. Ich glaube an einen Sackgassen-Gott, der hindurch führt. Wenn ich nicht weiterkomme, brauche ich mich selten um 180 Grad zu drehen, denn Gott zeigt mir, dass es meist einen schnelleren, oft unbemerkten Trampelpfad gibt. Ich bete täglich strukturierte Gebete wie das Vaterunser, aber vor allem führe ich persönliche Zwiesprache. Das ist das, was für mich die Begegnung mit Gott ausmacht. Gott begegnet mir auch oft in Menschen, und dann denke ich mir, aha, so fühlt sich das also an, wenn er da ist. Manche Begegnungen mit Gott sind so intensiv, dass ich ein Buch darüber schreiben könnte.

Mit 26 bin ich in den Orden eingetreten. Ich habe während meines BWL-Studiums bei verschiedenen christlichen Glaubensgemeinschaften reingeschnuppert, bei den Baptisten, den Freikirchlern, den Methodisten. Schließlich habe ich in traditionellen Kirchen gesucht und mich für die Franziskanerinnen entschieden. Franz war mir sympathisch, weil er tolerant zu den Weltreligionen war und versucht hat, zwischen Muslimen und Christen zu vermitteln.

Zweifel gehören zum Glauben, sonst fehlt die Dynamik. Ich nenne das für mich: Floaten statt Stagnation. Es gab eine Zeit, da wollte ich nicht mehr Ordensfrau bleiben. Ich habe gefragt: Wer bist du, Gott? Wo bin ich als Mensch? Dann passierte etwas. Ich bin auf dem Fahrrad überfallen worden. Ich war schockiert, habe geschrien, wie ich noch nie geschrien habe, doch das hat mir auch Kraft gegeben und mich gestärkt. Diese Kraft in mir, das war Gott persönlich. Nachdem ich den Überfall verarbeitet hatte und mir bewusst wurde, dass ich Gott mit ganzer Kraft, mit ganzer Seele, eben mit allen meinen Fasern liebe und ihm begegne, habe ich meine endgültige Ordensprofess gefeiert. Vorher, mit der zeitlichen Profess, war ich ja nur auf „Verlobung" mit Gott. Inzwischen lebe ich nicht mehr im traditionellen Kloster, sondern erprobe mit Genehmigung meiner Oberin neue Formen des Gemeinschaftslebens in einer WG mit drei Studentinnen. "

SCHWESTER GERTRUD (SMITMANS), geboren 1960 in Wetten/Kreis Kleve, lebt in Münster, Franziskanerin.

ICH HABE BEIM LESEN DER BIBEL MEINE BERUFUNG ERFAHREN

" Ich glaube an einen Gott der Liebe. Er begegnet mir täglich aufs Neue in Güte und Barmherzigkeit. Ich bin in eine evangelische Familie hineingeboren, aber meine Eltern waren keine großen Kirchgänger. Erst durch die Jungschar habe ich zu einem lebendigen Glauben gefunden. Evangelisch zu sein bedeutet für mich Christ zu sein an der Basis.

Darf man mit Gott eigentlich auch schimpfen? Ich weiß es nicht. Ich tue es einfach. Das erlaube ich mir, denn vieles im Leben kommt mir ungerecht vor. Dann ringe ich mit Gott, warum er dieses oder jenes zugelassen hat. Doch wir Menschen dürfen Gott nicht für alles verantwortlich machen. Wir sind keine Marionetten, tragen selber Verantwortung. Dafür hat Gott uns schließlich unseren Verstand gegeben.

Ich wollte Erzieherin werden, habe an der Fachschule für Sozialpädagogik des Frankfurter Diakonissenhauses eine Ausbildung zur Erzieherin absolviert. Nie hätte ich mir vorstellen können, Diakonisse zu werden.

Es mag unglaublich klingen, doch eines Tages, im Mai 1983, habe ich beim Lesen der Bibel meine Berufung erfahren. Ich kann es nicht anders sagen, denn Berufung kann man nicht erklären. „Und er stand auf und folgte ihm nach", so heißt es bei Markus 2, Vers 14. Und so war es für mich. Ich habe sehr mit mir gekämpft, weil ich eigentlich heiraten und eine Familie wollte. Dann habe ich die Entscheidung für das Leben als Diakonisse getroffen und bin sehr schnell ins Diakonissenhaus eingetreten. Das habe ich nie bereut. Diakonisse zu sein gibt meinem Leben Klarheit und Struktur.

Es gab immer wieder Zweifel, aber ich bin drangeblieben. Ich habe später noch Erziehungswissenschaften studiert, als Lehrerin und Schulleiterin gearbeitet und bin vor sieben Jahren zur Oberin gewählt worden. Ich lebe heute in einer Gemeinschaft mit 50 Schwestern und arbeite für Menschen, das ist mir wichtig. "

SCHWESTER HEIDI (STEINMETZ), geboren 1960 in Frankfurt am Main, wo sie heute auch lebt, Oberin im Diakonissenhaus.

VIELLEICHT IST GOTT ALL DAS GUTE IN UNS

" Ich habe Bibelwissenschaften studiert, aber das hat meinen Glauben nicht beeinflusst. Für mich standen die literarischen Qualitäten der Bibel im Vordergrund. Zugleich fand ich es interessant, darin die Anfänge von Judaismus und Monotheismus zu verfolgen. Ich kann aber nicht an diesen Gott glauben, der dir sagt, was du tun sollst, und dich bestraft, wenn du fehlgehst.

Ich habe mich noch nicht entschieden, an welchen Gott ich glauben soll, und vermutlich werde ich niemals fähig sein, das zu tun. Vielleicht werde ich in den letzten Sekunden meines Lebens die korrekte Antwort haben. Es ist natürlich sehr verführerisch, an Gott zu glauben, weil das einem die Illusion von Ordnung und Sicherheit gibt. Doch wenn ich mir die Welt ansehe mit all diesen Desastern und Grausamkeiten, empfinde ich es als unmöglich, an Gott zu glauben. Besonders nach dem Holocaust, wie soll man da an Gott glauben? Und doch ist es noch zu früh für mich, aufzugeben – ich will diese Hoffnung nicht verlieren. So suche ich nach Kompromissen: Vielleicht ist Gott all das Gute in uns. Der einzige Weg, an Gott zu glauben, besteht vielleicht darin, ihn in unseren noblen Gefühlen wie Mitleid und Barmherzigkeit zu sehen. Und damit zufrieden zu sein. "

ZERUYA SHALEV, geboren 1959 in einem Kibbuz in Galiläa, lebt in Jerusalem, verheiratet, zwei Kinder, Schriftstellerin.

IN MEINEN AUGEN SIND ALLE MENSCHEN GLEICH

„ Ich glaube, dass etwas die Welt im Innersten zusammenhält. Eine Kraft, die in mein Leben hineinwirkt, indem sie mich vor Prüfungen stellt. Gelingt es mir, diese zu lösen, erreiche ich eine höhere Stufe. Schaffe ich es nicht, kommt die Prüfung in einer anderen Form wieder. Letztlich geht es bei diesen Prüfungen darum, ein besserer Mensch zu werden. Es gibt doch diesen Spruch: „Edel sei der Mensch, hilfreich und gut" – das gefällt mir sehr gut.

Ich möchte ein faires Leben führen, ohne Doping siegen und auch Vorbild sein. Ich will nicht mit erhobenem Kopf durch die Welt gehen und rufen: „Ich bin so toll!" Meine Mama sagt immer: „Auf dem Weg nach oben grüße jeden, denn auf dem Weg nach unten triffst du sie alle wieder." Ich finde es furchtbar, wenn man sich über andere erhöht, nur weil man etwas erreicht hat, was nicht jeder schafft. In meinen Augen sind alle Menschen gleich. “

BRITTA STEFFEN, geboren 1983 in Schwedt (Brandenburg), lebt in Berlin, Schwimmerin (Olympiasiegerin, Weltmeisterin).

SCHON IN DER GRUNDSCHULE WOLLTE ICH PFARRER WERDEN

"Ich glaube an einen Gott, wie er in der Bibel belegt ist, als Vater, Sohn und Heiliger Geist. Gott ist für mich keine abstrakte Größe, sondern ganz kindlich gedacht eine Person, zu der ich reden und beten kann. Ein Vater, wie Jesus gesagt hat. Ich habe mit Gott nie gerungen, gehadert oder gezweifelt. Mit war immer klar, dass man Gott nicht all die schrecklichen Dinge anlasten kann, die auf der Welt passieren. Daran tragen wir Menschen oft große Schuld.

Menschen, die nicht an ihn glauben, kann ich nur bedingt überzeugen, denn man kann Glauben nicht „machen". Ich kann ihnen nur anbieten, in den Gottesdienst zu kommen, um das christliche Miteinander in der Gemeinde zu erleben, und mir wünschen, dass sie Glauben erfahren und erleben.

Ich bete regelmäßig am Abend, aber auch in schwierigen Situationen. Zum Beispiel wenn ich einer Familie Trost zusprechen muss, deren Kind gestorben ist. Ohne ein stärkendes Gebet könnte ich da nicht hingehen.

Als Konfirmand durfte ich beim Erntedank zum ersten Mal das Evangelium vorlesen. Mein Pfarrer sagte, wenn ich das Evangelium lese, dann leihe ich Gott meine Stimme. Das war ein erhabenes Gefühl. Das ist es auch heute noch. Das Erlebnis hat mich in meinem Berufswunsch bestätigt, denn schon in der Grundschule wollte ich Pfarrer werden. Ich bin sicher ein eher konservativer Pfarrer, ich mag die alte Liturgie. Die Bibel kann uns auch heute noch viel sagen. Darin sind urmenschliche Erfahrungen aufgezeichnet, und die sind nach 2000 Jahren nicht anders als heute. Meine Lieblingsgeschichte seit Kindertagen ist das Buch Jona, weil es viel von Barmherzigkeit berichtet.

Es ist mir wichtig zu vermitteln, dass Gott ein Gott der Liebe ist und auch ein vergebender Gott. Wir sind Sünder vor Gott und beten in jedem Gottesdienst, dass Gott uns nicht bestraft, sondern vergibt. Gott nimmt uns an, wie wir sind. Das ist meine Theologie."

MICHAEL STULKEN, geboren 1959 in Oldenburg, lebt in Hassbergen-Bungerdorf, verheiratet, Pfarrer.

HEUTE ERLEBE ICH GLAUBEN VOR ALLEM IM GEMEINSAMEN LEBEN MIT MEINEM MANN

" Ich bin Christin und glaube an einen liebenden und gerechten Gott. Ich glaube aber auch an einen Gott, der geschockt ist, weil er die Kontrolle über die Welt verloren hat. Zum Christentum bin ich sehr früh über den Kindergottesdienst und Jugendgruppen gekommen. Heute erlebe ich Glauben vor allem im gemeinsamen Leben mit meinem Mann. Wir zelebrieren im Alltag Rituale, zum Beispiel wünschen wir uns vor dem Essen bewusst eine gesegnete Mahlzeit. Oder wir danken abends Gott gemeinsam für den Tag oder für besondere Situationen. Ich erlebe Gott auch mit Freunden, wenn wir uns Fragen über Religion oder den Sinn des Lebens stellen und diskutieren. Ich gehe selten zum Gottesdienst, weil ich in meinem Wohnort noch keine Heimatgemeinde gefunden habe. Aber zur Zeit ist die Kirche auch nichts, was ich dringend brauche. "

MANUELA THOMAS, geboren 1979 in Oldenburg, lebt in Norden, verheiratet, Förderschullehrerin.

ICH HABE DIESES GLAUBENKÖNNEN NICHT SO EINFACH WEGGESCHOBEN, ABER ICH KANN ES NICHT

,, Ich habe mich immer für das Christentum interessiert. Ich bin ein guter Bibelleser, kenne das Alte Testament und das Neue Testament. Ich habe immer viel mit Pfarrern zu tun gehabt und mit denen diskutiert. Nicht auf Widerlegung hin, das finde ich uninteressant. Mich interessiert vielmehr, was Menschen bewegt, die glauben und die glauben können. Ich aber kann es nicht.

Ich war in der evangelischen Kirche, bin auch getauft und konfirmiert. Ich habe mich sehr bemüht, ich habe dieses Glaubenkönnen nicht so einfach weggeschoben, aber ich kann es nicht. Je mehr Philosophie ich gelesen habe, desto mehr habe ich mich davon entfernt. Ich bin während des Studiums in diese existenzialistische Phase hineingekommen und habe über Camus promoviert. Ich habe damals für mich eine Form der Freiheit und der Entschiedenheit gewählt, die ganz radikal ist, die sich nicht einem abgeleiteten Gesetz verpflichtet fühlt. Rein theoretisch könnte ich mich moralisch sehr fragwürdig verhalten, weil es für mich keine göttliche Instanz gibt, die warnt: Deine Taten werden abgeglichen. Aber man kann sich ja auch ohne von Gott kommende Gesetze richtig verhalten. Die Französische Revolution hat einen weltlichen Ersatz für Gott geliefert: Freiheit, Gleichheit, Brüderlichkeit.

Leid und Ungerechtigkeit zu verhindern, dass niemand drangsaliert wird und niemand getötet – darum geht es doch, das ist mein Maßstab. Dass man auf Gleichheit achtet und sich solidarisch verhält. Es ist doch ein Skandal, wenn Menschen – und besonders Kinder – unnötiger Qual ausgesetzt werden. Das ist empörend! Leid gibt es per se, jeder stirbt, jeder hat Schmerzen, aber es gibt ein unnötiges Leid, ein vermeidbares, ein gesellschaftlich abstellbares Leid. Das ist ein Impetus meiner Bücher. In meinen Geschichten frage ich mich immer wieder: Wo ist in dieser Wirklichkeit das, was unnötiges Leid produziert? ""

UWE TIMM, geboren 1940 in Hamburg, lebt in Berlin und München, verheiratet, vier Kinder, Schriftsteller.

ICH GLAUBE TATSÄCHLICH, DASS ES SCHUTZENGEL GIBT

" Wenn Menschen krank sind, die ich liebe, stelle ich in einer Kirche Kerzen auf und bete für sie über das Kerzenlicht zu Gott. Ich schaue dann in diese Flamme und gebe all die Kraft hinein, die ich im Moment habe, damit sie bei dem Kranken ankommt. Man sehnt sich ja nach jemandem, der einen beschützt, gerade Kindern wünscht man einen Schutzengel an die Seite. Ich glaube tatsächlich, dass es Schutzengel gibt. Ich habe zu oft gemerkt, dass ich an etwas gehindert werde, das mich absolut ins Unglück gestürzt hätte, und wo ich im Nachhinein denke: Da war eine Kraft, die mich beschützt hat. Das fängt bei ganz banalen Situationen an, dass ich auf dem Bürgersteig gehe und nicht in den Fahrradfahrer laufe, der von hinten angerast kommt. Hätte ich einen Schritt nach links gemacht, wäre der voll in mich reingefahren.
An Hildegard von Bingen fasziniert mich, wie sie es geschafft hat, ihre Stimme zu erheben in einer Zeit, in der es Nonnen nicht gestattet war, sich öffentlich zu äußern. Sie war sehr mutig. Aber sie hat auch Momente der Schwäche, und gerade das finde ich interessant. Als die Nonne Richardis gegen ihren Willen geht, benimmt sie sich wie ein kleines verlassenes Mädchen oder wie eine Furie – dieses Verhalten ist übrigens belegt durch ihre Briefe. Und genau solche Momente extremer Selbstaufgabe finde ich schön, überraschend, widersprüchlich. Bei den Figuren, die mich reizen, handelt es sich immer um Frauen, die auch Momente der Schwäche haben. Ich versuche deshalb nie, Heldinnen aus ihnen zu machen, sondern zeige sie, wie sie kämpferisch ihren Weg suchen, sich aussetzen, vieles in Kauf nehmen, um sich selber zu finden. "

MARGARETHE VON TROTTA, geboren 1942 in Berlin, lebt in Paris, ein Sohn, Filmemacherin.

DENNOCH SEHE ICH MICH ALS WINZIGEN TEIL EINER GRÖSSEREN ORDNUNG

„ Eine Religion lebe ich nicht, aber dennoch glaube ich, dass alles irgendwie einen Sinn macht. Ich komme auch nicht weiter in der Frage, warum in Afrika Kinder verhungern, wenn es einen Gott gibt. Dennoch sehe ich mich als winzigen Teil einer größeren Ordnung und bemühe mich täglich um Vertrauen.

Meine Großeltern waren sehr gläubig. Sie haben mir dieses Urvertrauen vermittelt, ein Gefühl der Sicherheit. In meiner Kindheit war vielleicht nicht alles rosig, aber die Kraft, die mir meine Großeltern mitgegeben haben, hat mir später sehr geholfen. „

NADJA UHL, geboren 1972 in Stralsund, lebt mit ihrem Partner und ihren zwei Kindern in Potsdam, Schauspielerin.

ICH HABE IN MEINEM LEBEN ANTWORTEN AUF GEBETE BEKOMMEN

„ Gott manifestiert sich im Neuen Testament auf unglaublich großzügige, grenzenlos liebevolle Weise. Ich finde das Neue Testament so atemberaubend, weil es nur Möglichkeiten eröffnet und keinerlei Einengungen. Das ist kein abstrakter Gott. Sein Wesen kann ich heute spüren. Nicht nur beim Beten. Auch das Licht erlebe ich oft als eine Nähe Gottes, und jeden Akt von Freundlichkeit oder Brüderlichkeit unter Menschen! Gott spüren zu können, ist ja eine kindliche Fähigkeit, die viele Menschen im Lauf der Jahre verlernt zu haben glauben. Ich meine nicht das naive „14 Englein um mich stehen", sondern dieses Grundvertrauen in ein Gehörtwerden, sich von Gott gesehen und erkannt zu wissen. Ich habe in meinem Leben Antworten auf Gebete bekommen, gerade dann, wenn ich niemanden anderen mehr fragen konnte. Man kann das von den Psalmen lernen, von der Unmittelbarkeit und Unbedingtheit, mit der David da Gott anruft und sagt: „Heh! Ich brauche Deine Hilfe, lass mich jetzt nicht hängen!" Man muss sich nur trauen! Ich bin dadurch oft ins Reine gekommen und habe in mir Gewissheit erfahren oder Frieden mit etwas schließen können. "

WIM WENDERS, geboren 1945 in Düsseldorf, lebt in Berlin, verheiratet, Regisseur und Fotograf.

WIR MENSCHEN SIND JA IMMER AUF DER SUCHE NACH EINER ENTLASTUNG

" Ich wünsche mir für jeden einen kleinen Gott, der in erster Linie für Trost und Anklage zuständig ist – wir Menschen sind ja immer auf der Suche nach einer Entlastung und Erklärung. In meinem eigenen Leben gibt es keinen Gott, ich habe meine eigenen Werte und meine eigene Moral. Allerdings glaube ich, dass es mehr gibt, als wir wahrnehmen, aber das sind vielleicht auch nur Gesetze, die wir noch nicht kennen. "

SARAH WIENER, geboren 1962 in Halle (Westfalen), lebt in Berlin, verheiratet, ein Sohn, Köchin und Buchautorin.

DAS SCHÖNSTE IST FÜR MICH DAS SINGEN IN DER KANTOREI

" Gott kann man nicht malen, er malt die Welt, heißt es. Das ist auch meine Position. Er ist viel zu groß, als dass man ihn als Person sehen kann. Für mich ist Gott ein fühlbares Gegenüber. Ich bin durch ihn geführt, er gibt meinem Leben den Rahmen. Ich kann zu ihm beten, weil er mir eine Seele gegeben hat, eine Art Antenne, mit der ich ihm nahe sein kann. Glaube ist eine stete Entwicklung. Für jedes Lebensalter gibt es neue Erkenntnisse.

Ich war mein ganzes Leben in einer Gemeinde verwurzelt, erst durch meine Eltern, später durch meinen Mann, der Pastor ist. Das gibt mir Geborgenheit. Morgens beten mein Mann und ich vor dem Frühstück, abends reflektieren wir den Tag. Im Gottesdienst kann ich den Alltag aufarbeiten. Das Schönste ist für mich das Singen in der Kantorei, da kommt man Gott ganz nahe. Singen ist der Rest, der uns vom Paradies geblieben ist.

Ich habe bislang ein gesegnetes Leben gehabt. Aber um mich herum erlebe ich auch Schicksalsschläge. Da frage ich mich: „Kann das Gottes Wille sein?" Ja, ich klage Gott auch mal an. Das stand schon im Alten Testament, dass man auf Gott auch wütend sein darf. Wenn man den Kopf voller Trauer und Kummer hat, so dass man gar nicht mehr beten kann, da fühlt man sich fern von Gott. Aber die Momente, in denen Gott mich mit Liebe erfüllt, sind viel stärker als die des Anklagens. Wir müssen das Leben aushalten, so wie es kommt. Ich nehme mir Jesus als Vorbild, er hat auch das Böse ausgehalten. "

CHRISTEL WOLTEN, geboren 1947 in Helmstedt, lebt in Hameln, verheiratet, drei Söhne, Lehrerin.

DIRK VON NAYHAUSS, geboren 1965 in Berlin, absolvierte die Journalistenschule Axel Springer und studierte Psychologie. Er arbeitet als Journalist, Buchautor und Fotograf und ist bekannt für seine sehr persönlichen Porträts von Künstlern, Sportlern und Politikern. Für chrismon macht er die Rubrik „Fragen an das Leben". Lebt in Berlin, verheiratet, zwei Kinder.

Koautorin MAGGIE RIEPL, geboren 1952 in Hamburg, studierte Germanistik, Geschichte und Erziehungswissenschaft an der Universität Hamburg. Volontariat beim Axel-Springer-Verlag, anschließend Redakteurin der „Berliner Morgenpost". Seit 1988 als freie Journalistin tätig in verschiedensten Bereichen, heute vornehmlich für Reise, Porträts und Lifestyle. Lebt in Berlin, verheiratet, zwei Kinder.

IMPRESSUM

Bibliografische Information der Deutschen Nationalbibliothek.
Die Deutsche Nationalbibliothek verzeichnet diese Publikation
in der Deutschen Nationalbibliografie; detaillierte bibliografische
Daten sind im Internet abrufbar über: http://dnb.d-nb.de

Autoren: Dirk von Nayhauß, Maggie Riepl
Bilder: Dirk von Nayhauß
Gestaltungskonzept: Kristin Kamprad, Lisa Keßler
Grafische Umsetzung: Lisa Keßler
Korrektorat: Michael Behrendt
Hansisches Druck- und Verlagshaus GmbH
Druck und Bindung: DZA Druckerei zu Altenburg GmbH, Altenburg

2., überarbeitete Auflage
© Hansisches Druck- und Verlagshaus GmbH,
Frankfurt am Main 2011. Alle Rechte vorbehalten. Das Werk
einschließlich seiner Teile ist urheberrechtlich geschützt.
Jede Nutzung außerhalb der Grenzen des Urheberrechts ist
ohne schriftliche Einwilligung des Verlags unzulässig.
Printed in Germany, ISBN 978-3-86921-083-4